Perfekte Lauftechnik

Präzise laufen – schneller laufen

blv

WOLFGANG BUNZ

Was Sie in diesem Buch finden

Vorwort

Wissen Sie, was mich bei der Lektüre dieses Buches am meisten überrascht? Wie wenig ich über das Potenzial einer besseren Lauftechnik wusste. Nicht einen Gedanken hatte ich darauf verwendet, dass mein brav durchgeführtes Lauf-ABC sich wirklich in meinem Laufstil wiederfinden sollte und dass es solch einen hohen Stellenwert hat. Ich laufe selbst häufig und kenne Wolfgang Bunz als Athlet und Trainer seit Langem. Was mich überzeugt, ist seine Begabung, Laufen als Bewegung erlebbar und spürbar zu machen. Ich habe von ihm gelernt, dass sich eine gute Technik nicht zufällig ergibt, nur weil ich das ein oder andere Training routinemäßig absolviere. Die Akribie, mit der sich Wolfgang Bunz selbst immer weiter optimiert, sieht man ihm bei jedem Schritt an. Sie wirkt ansteckend, gibt Mut, sich selbst auf den Weg zu machen und erstickt gleichzeitig jede Ausrede im Keim. Viele habe ich mit ihm Schritt für Schritt schneller werden sehen. Schwachpunkte, die sich in wiederkehrenden Verletzungen zeigten, verschwanden dauerhaft. Wolfgang Bunz durchdringt das Thema Laufen wie kein anderer. So

wie er selbst läuft und es anderen vermitteln kann, ist Laufen etwas völlig Neues – viel komplexer, herausfordernder und spannender – im Vergleich zu dem, was wir jahrelang gemacht haben. »Perfekte Lauftechnik – schneller durch gezieltes Training« lenkt die Aufmerksamkeit undogmatisch aber begeistert auf jeden einzelnen Moment des Laufzyklus und fügt dem Laufen damit eine Qualität hinzu, die viele nicht kennenlernen, solange sie sich allein über große Kilometerleistungen definieren. Ich finde den Ansatz revolutionär, weil er die Zeit anhält, der wir sonst so häufig hinterherlaufen. Im Nachhinein ist alles ganz logisch und einfach: Wir zerlegen die Laufbewegung in ihre Einzelteile, versuchen jede Phase genau zu verstehen und wahrzunehmen und setzen alles wie eine Uhr wieder zusammen. Die Umsetzung ist eine Herausforderung, die viel Disziplin und Geduld erfordert. Der Lohn: ein federleichtes Laufgefühl, das sich Schritt für Schritt wiederholt.

Dr. Margit Roth
Ehem. stellv. Programmleitung BLV Buchverlag

Keine Angst vor der Technik

Laufen kann jeder! Das ist genauso wahr wie die Behauptung, dass jeder, der essen kann, gut isst. Und wie ist das beim Essen? Manieren (Technik) und gute Qualität machen durchaus Spaß. Das gilt auch fürs Laufen.

Ihr Schlüssel zur perfekten Lauftechnik

Was für ein Genuss, Weltklasseläufer auf der Bahn oder im Marathon zu beobachten! Sie berühren kaum den Boden und scheinen mühelos zu schweben. Neid! Neid auf das Talent dieser leichtfüßigen Kenianer. Sie sind nicht der Einzige, der solche Gefühle hat. Aber lassen Sie mich raten: Sie sind nicht in Afrika aufgewachsen, wo Sie täglich meilenweit zur Schule laufen mussten?

Wenn Sie ehrlich sind, auch Ihr Body-Mass-Index liegt geringfügig vom läuferischen Optimum entfernt? Ihr Laufstil unterscheidet sich demnach »marginal« von dem kenianischer Wunderläufer? Aber Sie sind bereit zu lernen? Dann haben Sie das richtige Buch in der Hand. Verstehen Sie es als Leitfaden, um besser zu erkennen, was Sie beim Laufen wirklich tun. Es ist Ihr Schlüssel zur perfekten Lauftechnik.

Profis laufen scheinbar schwerelos.

Aufgeben gilt nicht!

Ich bin kein Fan von Aussagen wie »So laufe ich eben.«, »Das ist mein Stil.« und »Ich kann nicht anders.«. Dinge sind nicht einfach so, wie sie sind. Es gibt mehr als Schwarz und Weiß. Natürlich kann man Dinge verändern, auch wenn sie tief eingefleischt sind. Mein Ziel war es immer, mit den Fähigkeiten, die ich habe, dem Optimum so nahe wie möglich zu kommen – auch beim Laufen.

Begeben wir uns also an eine Analyse der Laufbewegung und arbeiten systematisch die lauftechnischen Abläufe heraus, die unsere Leistung verbessern. Was sind die Stellschrauben für eine bessere Laufqualität? Wie kann ich das Wissen darum umsetzen? Wie kann ich mit wenig Einsatz viel erreichen?

Keine Angst vor Lauftechnik

»Oh nein! Lauftechnik!«, hallt es mir häufig entgegen, wenn ich den Begriff fallen lasse, geprägt durch die Erinnerung an ungeliebte Lauf-Abc-Übungen. Aber es gibt kein besseres Wort. Und, wie Sie sehen werden, verliert der Gedanke an Lauftechniktraining ganz schnell seinen Schrecken. Ich habe nicht vor, Sie mit komplexen biomechanischen Vorgängen und

Würden Sie nicht die Räder gerade stellen, bevor Sie den Motor verbessern?

mathematischen Formeln zu belästigen oder ungeliebte Lauf-Abc-Übungen zu wiederholen, die der erfahrene Läufer ohnehin kennt. Neben einigen wichtigen Informationen konzentrieren wir uns vielmehr auf Ihre Wahrnehmung und Ihr Bewegungsgefühl. Denn auf der Ziellinie zählt nicht das Wissen um optimale Winkel und Kräfte, sondern ob Sie Ihre Kraft tatsächlich auf die Straße gebracht haben.

In diesem Buch will ich Ihr Bewusstsein für eine effektive Lauftechnik so weit schärfen, dass Sie beim Laufen wie auch im Alltag jeden Schritt bewusst setzen können. Sie sollen mehr von der Energie, die Sie aufbringen, in Vortrieb umzusetzen. Sie sollen schneller und gesünder laufen. Dabei arbeiten wir ausschließlich an Ihrem Laufstil. Sie werden bei gleich ausgeprägter Ausdauerfähigkeit schneller laufen, weil Sie Ihre Kraft effizienter einsetzen.

Viele Läufer, die ich beobachte, gleichen einem mehr oder weniger hochgezüchteten Rennwagen mit einem hervorragend präparierten Motor. Dummerweise stehen aber die Antriebsräder schief. Bevor wir den Motor – Ihre Ausdauer – weiter verfeinern, lassen Sie uns doch zunächst die Räder gerade stellen!

Ein Wort zur Vorsicht: Ich kenne den Ehrgeiz sportlicher Menschen und habe selbst häufig den Fehler gemacht, zu schnell zu viel erreichen zu wollen. Lassen Sie sich Zeit bei der Umsetzung meiner Vorschläge. Andernfalls riskieren Sie, sich zu verletzen.

Wie auf Schienen laufen, sodass sich der Schwerpunkt kaum hebt und senkt.

Wo stehen Sie jetzt?

Mein Ziel ist es, Sie genau dort abzuholen, wo Sie jetzt stehen. Vielleicht sind Sie ein ambitionierter Marathonläufer. Lassen Sie sich inspirieren, Ihre Bestzeit mit neuen Mitteln anzugehen. Sie nehmen nur gelegentlich an einem Volkslauf teil oder Ihnen liegt eine Wettkampfteilnahme gänzlich fern? Lernen Sie, wie Sie sich der Natur näher, mit mehr Vergnügen und noch gesünder bewegen können. Selbst wenn Sie nur zügig spazieren gehen, entwickeln Sie mit meiner Hilfe eine neue Bewegungsdynamik, die Ihre Muskeln kräftigt, Ihre Gelenke schützt und Ihre Ausstrahlung verbessert. Das Buch ist für jeden, der im Leben nach vorne will, denn Laufen ist nicht nur Wettkampf oder »Verkehrsmittel«. Es ist unsere natureigene Bewegung und damit unser Leben.

Perfektion?

Was sollten Sie sich vornehmen? Sicher ist Perfektion ein Ziel. Das Streben danach ist der Motor für Ihre und meine Entwicklung. Vergessen Sie darüber aber nie die einzelnen Schritte dorthin, denn dort entsteht Zufriedenheit. Bei keiner Sportart liegt diese Analogie näher als beim Laufen. Unabhängig vom Ziel muss jeder Schritt Freude machen, auch wenn er nicht immer von einem Lächeln begleitet wird. Wenn der Bewegungsablauf in Fleisch und Blut übergangen ist, werden Sie ein völlig neues Laufgefühl erleben.

Und außerdem – jedes Prozent, um das Sie Ihre Technik verbessern, bringt bessere Laufzeiten. Ist das kein Anreiz, sich auf den Weg zu machen?

So verwenden Sie das Buch

Ich gebe zu, dass ich Ihnen durchaus einiges abverlange. Sicher tragen die vielen Fotos und Videos zum Verständnis bei. Ich kann mir vorstellen, dass das Buch Sie über einen längeren Zeitraum begleiten wird. Ich würde Ihnen empfehlen, es am Stück zu lesen, ohne Ihren Kopf zu sehr zu gebrauchen. Fragen Sie sich: Wie sollte es sich anfühlen, so zu laufen? Wo immer Sie Wahrnehmungsschwierigkeiten haben, nehmen Sie das entsprechende Kapitel zur Hand und gleichen das Gelernte während des Trainings mit Ihren Erfahrungen ab. Stellen Sie also Vergleiche an mit dem Gefühl, das Sie tatsächlich haben. Viele Menschen lernen über Unterschiede. Gehen Sie in kleinen Schritten vor. Nehmen Sie sich in dieser Woche das rechte Bein, nächste Woche den linken Arm und so weiter vor. Sie haben Zeit.

Was Sie von Anfang an machen sollten, sind die Übungen für Läufer, die Sie im hinteren Teil des Buches finden. Bauen Sie in Ihren Trainingsplan einen festen Tag in der Woche ein, an dem Sie konzentriert eine Übungsfolge aus den Bereichen Dehnung, Stabilisierung, Kräftigung und Mobilisierung durchführen. Viele Übungen können Sie auch problemlos in den Alltag integrieren. Sie werden erstaunt sein, wie viel Trainingszeit Sie bislang ungenutzt verstreichen ließen.

Was man über Lauftechnik wissen muss

Man muss eine Maschine nicht konstruieren, um sie optimal bedienen zu können. Aber es hilft, das Prinzip zu verstehen, damit man seine Stärken voll nutzen kann.

»Maschine« Mensch

»Die Räder gerade stellen?«, fragen Sie sich. »Welche Räder?« Zugegeben, der Begriff »Rad« trifft unsere anatomischen Voraussetzungen natürlich nicht. Dennoch ist er uns nützlich, um Ihre Laufbewegung zu beschreiben. Nicht umsonst spricht man vom Lauf-»zyklus« (siehe Kapitel »Schritt für Schritt besser laufen«). Zum besseren Verständnis der folgenden Kapitel mache ich Sie zunächst mit ein paar Begriffen vertraut. Wie angekündigt, werde ich daraus keine wissenschaftliche Arbeit machen. Aber verzeihen Sie mir Anleihen aus dem Ingenieurwesen. Meine Ausbildung kann ich nicht ganz verbergen. Ich verspreche Ihnen jedoch, die Theorie mit Bildern und Vergleichen anschaulich zu machen.

Einige Gedanken möchte ich noch vorwegnehmen: Erstens geht es allein um den praktischen Nutzen, nicht um den Selbstzweck der Lauftechnik oder um ästhetische Maßnahmen. Die Lauftechnik entspricht der jahrelangen Erfahrung mit mir selbst. Mein Ziel: Schneller laufen, ohne Unmengen von Kilometern zu schrubben. Sicher haben auch Sie ein Tempoziel und wollen Verletzungen vorbeugen. Zweitens: Ich spreche von *Lauf*technik. Damit ist aber durchaus auch Ihre *Geh*technik gemeint. Nutzen Sie die vielen Gelegenheiten in Ihrem Alltag, um das Gelernte umzusetzen und zu üben. Techniktraining findet im Alltag statt, wenn Sie gehen, stehen und sogar sitzen. Keine andere Sportart bietet diese Trainingsmöglichkeiten. Drittens: Kein Körper dieser Welt kann lang eingeübte Bewegungsmuster von jetzt auf gleich verändern. Wir sind keine Maschinen, die man einfach optimiert. Wenn Ihre Technikumstellung verletzungsfrei stattfinden soll, dann lassen Sie sich dabei Zeit und freuen Sie sich über kleine Fortschritte.

Wundern Sie sich nicht, wenn ich Sie hier und da mit einer Maschine vergleiche. Der Vergleich

Perfekte Lauftechnik spart Kraft.

ist nicht ganz falsch. Nur kann es keine von Menschen gebaute Maschine mit der Komplexität und Perfektion Ihres Körpers aufnehmen. Denken Sie allein an den Vorgang des Stehens: die fein abgestimmte Muskelbalance, Ihr extrem stabiles und bewegliches Knochengerüst und Ihre Nervensensorik, die von Ihrem Gehirn gesteuert wird. Es laufen auf verschiedenen Ebenen Millionen Prozesse ab, die die Wissenschaft zum Teil noch gar nicht kennt, geschweige denn erklären kann. Was ist der Schlüssel, um diese optimal zu steuern? Ihre Wahrnehmung. »Worauf soll ich mich aber konzentrieren? Was gilt es konkret wahrzunehmen?« – Darauf wollen wir nun eingehen.

Achsen, Kräfte, Wirkungsgrade – Gundbegriffe der Lauftechnik

Mit einer Rakete lässt man sich doch gern vergleichen (siehe Abbildung rechts). Fühlen Sie sich in der Rolle wohl? Stellen Sie sich vor, Sie müssten als technischer Laie eine einfache Rakete konstruieren. Würden Sie es nicht ähnlich machen wie abgebildet? Warum ordnen Sie den Motor genau unterhalb des Schwerpunkts an und nicht irgendwo seitlich? Warum lassen Sie die Kraft genau entgegen der Flugrichtung wirken und nicht zur Seite? Warum ist Ihre Rakete gerade wie ein Pfeil und nicht krumm?

Oder was halten Sie von einem Gelenk in der Mitte der Rakete? Wenn Sie die Rakete zünden, warum lassen Sie die Energie nicht ungleichmäßig frei, vielleicht mit kleinen Pausen oder

über einen längeren Zeitraum? Man muss kein Fachmann sein, um diese Fragen richtig zu beantworten. Wenn Sie genau überlegen, funktionieren alle Maschinen nach ähnlichen Grundsätzen. Sie bringen die beste Leistung, wenn die richtige Menge an Energie zum richtigen Zeitpunkt in die richtige Richtung gelenkt wird. Denken Sie an das Auto mit quer stehenden Antriebsrädern zurück. Es gibt die richtige Kraft vielleicht im richtigen Moment ab, aber in die

Wohin muss die Kraft, wenn Sie nach vorne wollen?

falsche Richtung! Es kommt nur ein Teil der nutzbaren Energie auf der Straße an.

Wie ist das mit Ihnen und Ihrer »Biomaschine Körper«? Hier gelten die gleichen Prinzipien. Mit welchen technischen Begriffen lässt sich die Laufmaschine Mensch beschreiben? Ich gehe nun auf einige Überbegriffe ein, die wir dann gemeinsam weiter untersuchen. Im Kapitel »Schritt für Schritt besser laufen« wende ich diese Erkenntnisse dann auf den Laufzyklus und die daran beteiligten Körperteile an – mit dem Ziel, Lauftechnik nicht nur verstandes-, sondern auch gefühlsmäßig zu erfassen.

Körperachsen

Dabei ist zuerst die Körperlängsachse zu nennen. Die menschliche Längsachse entspricht anatomisch gesehen zwar keiner geraden Linie, zur Vereinfachung ist es aber mehr als nützlich, uns unsere Längs- oder Mittelachse als solche vorzustellen – vom Mittelfuß bis zum Scheitel. Es geht hier nicht um anatomische Feinheiten, sondern um die Richtung der Kraft, die uns antreibt.

Wenn Sie von vorn auf diese Achse schauen, stellen Sie fest, dass sich zwei Achsen, beginnend am jeweiligen Fuß, an eine Mittelachse entlang der Wirbelsäule anschmiegen. Der Eiffelturm ist ein anschaulicher Vergleich.

Weitere wichtige Achsen finden Sie beispielsweise in den Bereichen Becken, Arme und Beine. So wie bei einer Rakete von oben gesehen der Schwerpunkt genau auf der Längsachse liegt, ist das im Optimalfall auch bei Ihnen. Stellen Sie sich zum Test möglichst auf-

recht auf beide Beine, schließen Sie die Augen und versuchen Sie wahrzunehmen, wie sich Ihr Körperschwerpunkt genau über den beiden Punkten einpendelt, wo Sie den größten Druck am Boden spüren.

Kräfte und Hebel

Beim Laufen wird Ihre Körpermasse permanent beschleunigt und es wirken, je nach Geschwindigkeit, beachtliche Kräfte. Denken Sie an die Kräfte beim Aufsetzen oder beim Abdrücken. Wenn Sie Kurven laufen, verlagern sich bestimmte Kräfte zu der einen oder anderen Seite. Schon allein aufrecht zu stehen erfordert Energie, um die Schwerkraft zu überwinden. Auch zum Atmen und um Ihre Arme zu bewegen brauchen Sie Kraft.

Die Kräfte Ihrer Skelettmuskeln verlaufen entlang Ihrer Knochen und über Gelenke hinweg. Dadurch entsteht ein geniales Hebelsystem, über das Fortbewegung möglich wird. Es versteht sich von selbst, dass bei günstigen Hebelverhältnissen Ihre Kraft besser eingesetzt wird, als bei ungünstigen. Versuchen Sie beispielsweise einmal, in einer Hockposition ein paar Schritte zu machen. Wie viel leichter geht das, wenn Sie sich aufrichten! Ihre Körperhaltung hat also sehr viel damit zu tun, ob Sie viel oder wenig Kraft für Ihre Bewegungen brauchen.

Wirkungsgrade

Zugegeben, das hört sich nun sehr technisch an, aber das Thema beschäftigt uns jeden Tag. Niemand will Energie sinnlos vergeuden. Wer würde beispielsweise mit Absicht ein Auto bauen, das 20 Liter Benzin verbraucht, wenn es durch gewisse Anpassungen auch mit zehn Litern fahren könnte?

Der Wirkungsgrad beschreibt das Verhältnis zwischen zugeführter und abgegebener Leistung. Wieso ist dieser Begriff beim Laufen relevant? Nun ja, wer will seine Bestzeit nicht mit minimalem Aufwand erreichen? Oder anders herum: Wer will nicht mit der Leistung, die er bringen kann, schneller laufen?

Sicher erkennen Sie jetzt, dass es sich lohnt, nicht nur an Ihrem Ausdauertraining zu feilen. Ich stelle erfahrungsgemäß fest, dass durch Technikanpassung je nach Ausgangssituation messbare Verbesserungen bis zu 20 Prozent möglich sind. Das ist auf den direkten Effizienzgewinn und die geringere Verletzungsanfälligkeit zurückzuführen. Nebenbei gesagt: Ein effektiver Laufstil sieht auch einfach besser aus, denken Sie nicht?

Denkfehler Schrittlänge

»Raumgreifender Schritt« – vergessen Sie diese Wendung sofort. Ein schneller Laufstil konzentriert sich nicht auf den Raum vor sich, nicht auf das Aufsetzen am Boden, sondern auf den Abdruck des hinteren Beins. Eine große Schrittlänge entsteht durch eine verlängerte Flugphase, eingeleitet von der punktgenauen Anwendung der Formel: Tempo = die maximale Kraft zum richtigen Zeitpunkt in die richtige Richtung. Sie wollen nach vorn, also muss die Kraft nach hinten.
Ich werde diesen Punkt später noch genau ausführen: Nur wer viel Zeit in der Luft verbringt, macht viel Strecke, und es macht wenig Sinn, beim Landen unnötig Energie zu vernichten.

Lauftechnik lässt sich spüren und verstehen.

Mit maximaler Kraft

Ein kraftvoller Laufstil – das hört sich in Läuferkreisen nicht nach einem Kompliment an, oder? Ist es nicht eher so, dass man dem idealen Läufer den Krafteinsatz kaum ansieht? Wie Sie

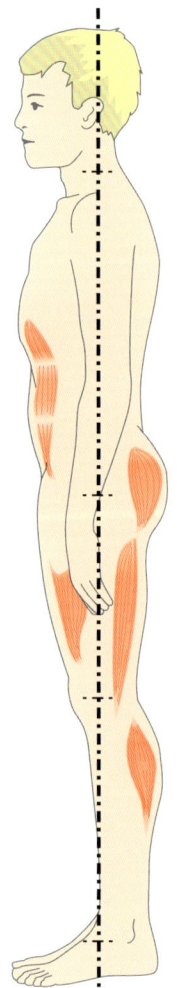

Übung: Spüren Sie Ihre Mittelachse?

in diesen Kapiteln lernen, findet der Moment der Kraftübertragung beim korrekten Laufen so schnell statt, dass er von außen kaum wahrnehmbar ist. Anders ausgedrückt: Wenn man erkennt, dass Sie Kraft einsetzen, haben Sie noch Potenzial zur Verbesserung. Dennoch, da sind wir uns einig, ist eine Menge Kraft nötig, um schnell zu laufen. Bei jedem Schritt wird Ihr mehrfaches Körpergewicht abgefangen und weiter beschleunigt.

Woher kommt diese Kraft?

Wo entsteht sie? Wie verläuft sie im Körper und wie entwickelt sie sich? Wir haben eben von Hebeln gesprochen, derer sich Muskeln bedienen, um ihre Wirkung zu entfalten. Die zum Laufen entscheidenden Hebel entstehen durch die Winkel zwischen

- Fuß und Wade (Knöchel),
- Unter- und Oberschenkel (Knie) und
- Oberschenkel und Oberkörper (Becken).

Analog sind die zum Laufen entscheidenden Muskeln

- die Wadenmuskeln,
- die Oberschenkelmuskeln und
- die Glutei (Pomuskeln).

Für Stabilität sorgen vor allem die Rumpfmuskeln im Bauch-, Becken- und Rückenbereich. Diese sorgen bei jedem Schritt für den nötigen Gegenhalt, denn ohne Gegenhalt, ohne stabilen Ansatzpunkt verpufft jede Energie. Sie sehen in der Grafik links eine Reihe von Muskeln markiert, die bei der Aufrichtung zusammenarbeiten. Das geschieht bei jedem Schritt: Sie richten sich auf bzw. Sie strecken sich entlang Ihrer Mittelachse. Das optimale Zusammenspiel dieser Muskeln entscheidet über den Effekt.

Übung

Stellen Sie sich ohne Schuhe aufrecht hin, pendeln Sie so lange, bis Sie mit Ihrem Schwerpunkt über den Mittelfüßen stehen und nur wenig Gewicht auf den Fersen lastet. Spüren Sie auch Ihre Zehen, die Sie flach ablegen. Schließen Sie die Augen und versuchen Sie, der Reihe nach die Wadenmuskeln, die rückseitigen Oberschenkelmuskeln, die Glutei und Ihre tiefen Bauchmuskeln wahrzunehmen. Wandern Sie mehrmals von unten nach oben und umgekehrt. Mit etwas Übung gelingt es Ihnen sicher, auch die gesamte Muskelkette zu empfinden. Konzentrieren Sie sich verstärkt auf die Rückseite und die Mitte Ihres Körpers. Wenn Sie wollen, können Sie die Fersen leicht anheben und wieder senken. Diese Übung sollten Sie nie vergessen. Was Sie dabei lernen, ist der Schlüssel für Ihre Lauftechnik. Das ist die Position, in der Ihre Lauftechnik den größten Effekt erzielt, die Position der größten Kraftentwicklung.

Strecksprünge

1 Stehen Sie sauber auf beiden Beinen, positionieren sie Füße und Knie etwa hüftbreit, holen sie mit den Armen Schwung.

2 Strecken Sie Ihren gesamten Körper, wenn Sie kraftvoll abspringen, streben Sie auf einen Punkt am Himmel zu.

3 Setzen Sie bewusst so auf, dass Füße und Knie wieder nach vorne zeigen. Halten Sie die Fußspitzen im Blick.

4 Springen Sie erneut dynamisch ab. Strecken Sie sich maximal.

Das richtige Krafttraining für Läufer

Sie sollten zwei Arten von Krafttraining unterscheiden:

1. Allgemeines Stabilisierungstraining: Damit sind der klassische Muskelaufbau am Gerät oder statische Stabilitätsübungen für Rumpf und Rücken gemeint. Dabei entwickeln Sie

Fähigkeiten, die eine absolute Grundvoraussetzung sind, um Leistung zu bringen. Denken Sie daran, dass die Muskeln, die Ihren Vortrieb bewerkstelligen, einen Gegenhalt brauchen. Wenn Sie instabil werden, hat selbst der schnellste Oberschenkelmuskel keine Chance.

2. Laufspezifisches Krafttraining: Es handelt sich um dynamische Inhalte, die neben der reinen Kraft- auch die nachstehend besprochenen Zeit- und Richtungskomponenten aufweisen. Es geht einfach gesagt darum, Ihre Muskelkraft auch zielgerichtet zu benutzen, damit sie ihre Wirkung erzielt. Beispiele zum

dynamischen Krafttraining zeigen die Bilder auf den Seiten 21 und 22.

Dynamisches Krafttraining hat auch folgende Komponente, auf die ich Sie hinweisen möchte: Bewegung ist immer auf die Kooperation von Muskeln zurückzuführen. Wie eine Welle durchläuft die Kraft den Körper über mehrere Stationen. Jede Unterbrechung dieser Linie, beispielsweise durch Einknicken im Becken, – entsprechend einer sitzenden statt aufrechten Körperhaltung – stört die Kraftentwicklung. So geht häufig Energie verloren, die besser zur nächsten Station weitergeleitet, dort verstärkt würde und letztlich möglichst ohne Verlust den Boden erreicht hätte. Lassen Sie bei Ihrem nächsten Lauf das Bild einer direkten Kraftlinie vom Rumpf bis zum Boden bewusst auf sich wirken (siehe Abb. Seite 20). Achten Sie darauf, dass Energie nicht verloren geht, sondern dass sie an dem Punkt, da sie den Körper verlässt, ihren Höhepunkt erreicht.

Achtung bei Sprüngen:

Bitte beachten sie bei Sprüngen immer, dass Sie gut aufgewärmt ins Training gehen. Optimieren Sie zunächst die Bewegungsausführung, bevor Sie mehr Kraft einsetzen. Es hat sich bewährt, Bewegungen erst in Zeitlupe auszuführen, um sie zu verinnerlichen. V.a. wenn Sie mit etwas Übergewicht kämpfen oder muskuläre Defizite haben, lernen Sie als Erstes sauber zu landen. Die Belastung für Ihre Gelenke und Muskeln ist nicht unerheblich. Sie sollten sich motorisch gut kontrollieren können. Steigern Sie dann Ihre Sprungkraft schrittweise.

Trainieren kann man auch im Anzug.

Sprünge im Lauftraining

1 Hocksprünge:
Springen Sie dynamisch ab und nehmen Sie in der Luft die Knie nach oben. Dämpfen Sie die Landung weich mit Ihren Beinen.

2 Wadensprünge:
Beginnen Sie im aufrechten Stand. Halten Sie Ihre Knie annähernd gestreckt und springen Sie nur mit der Kraft Ihrer Waden ab. Landen Sie so, wie Sie den Boden verlassen haben.

3 Strecksprünge:
Durchführung wie auf Seite 21 und 22 beschrieben. Tipp: Schließen Sie zur Abwechslung Ihre Augen. Vermeiden Sie es, nachzuwippen.

4 Sprungschritte:
Nehmen Sie etwas Anlauf und springen bei jedem Schritt weit oder hoch. Machen Sie die Übung gerne bergan. Achten Sie auf ebenen Boden, um keine Bänderverletzung zu riskieren.

Zum richtigen Zeitpunkt

Timing ist nicht nur im Sport ein geflügeltes Wort. Dahinter steckt das Bestreben, das Richtige zum besten Zeitpunkt zu tun und damit seine Wirkung auf den Punkt zu bringen. Durch gutes Timing lassen sich Effekte verbessern. So banal ist es auch beim Laufen: Mit dem Gefühl für den richtigen Moment verbessern Sie Ihre Leistung. Das Gefühl, das ist die Wahrnehmung, die es Ihnen in diesem Buch zu vermitteln gilt. Dazu will ich Ihrem Kopf einige Anhaltspunkte geben, damit Sie wissen, worauf zu achten ist. Außerdem weise ich Sie darauf hin, wie Sie die motorischen und muskulären Fähigkeiten entwickeln, um Ihrem Gefühl auch Taten folgen zu lassen.

Sehen Sie sich die Illustration an. Welcher Fahrradreifen rollt besser? Der leere oder der gut gefüllte? Sehen Sie sich die Fläche an, die ein schlecht gefüllter Reifen am Boden belegt. Denken Sie an das schwammige und unsichere Gefühl, an den unklaren Moment (Timing!) der

Kraftübertragung am Boden. Es gibt viele Menschen, die so laufen. Sie verbringen viel Zeit am Boden, sacken dabei mit ihrem Körper weit nach unten und müssen bei jedem Schritt von Neuem ihr Körpergewicht nach oben hieven. Abgesehen von dem sichtbaren Energieverlust bei jedem Schritt ist auch die Gelenkbelastung nicht zu unterschätzen, denn ein Gelenk, das unter passiver Belastung (durch den Aufprall) weiter stark bewegt wird, ist schnell überfordert. Dazu kommt, dass eine lange Standphase das Risiko erhöht, den Gelenken durch Verdrehungen zu schaden. Wie ist es mit unserem Weltklasseläufer? Seine »Reifen« sind knallhart aufgepumpt, er berührt den Boden nur für einen sehr kurzen Moment sehr direkt unter seinem Körperschwerpunkt. Damit läuft er sehr eben, sackt also wenig unter der Last ein. So geht er wirtschaftlich mit seinen Ressourcen um.

Wie das umzusetzen ist, lernen wir später. Fest steht, wer es schafft, den Fuß im richtigen Moment, also frühzeitig, aufzusetzen, hat einen entscheidenden Vorteil.

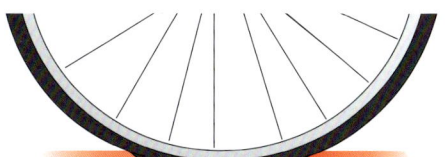 

Mit »Luft im Reifen« läuft es sich einfacher.

Timing ist fast alles.

Prinzip »Schweben«

Irgendwo zwischen den eben dargestellten
Extremen liegen Sie und ich, wenn wir laufen.
Bitte lassen Sie sich nicht entmutigen, wenn
Sie Ihren Anspruch verfehlen. Wie gesagt, es
gibt auch beim Laufen mehr als Schwarz und
Weiß. Durch den starken Kontrast wird lediglich
ein Prinzip deutlich, und das sollten Sie sich
merken: Ein ökonomischer Läufer setzt seine
Kraft in einem sehr kurzen Moment ein. Dieser
ist gekennzeichnet durch maximale Körperauf-
richtung und -streckung. Ein technisch guter
Läufer trägt seinen Körperschwerpunkt auf
einer maximal hohen und möglichst ebenen
Linie. So entsteht der Eindruck des Schwebens.

Wenn wir uns später mit den Phasen der Laufbewegung beschäftigen, kommen wir immer
wieder auf dieses Prinzip zurück. Tatsächlich
kommt diese Art der Belastung unseren Muskeln entgegen. Sie sind wie geschaffen für
kurze Belastungsphasen im Wechsel mit langen
Erholungspausen. Je weiter entfernt von einer
rein statischen Haltung, desto wohler fühlt sich
der Muskel. So ist er auch auf Dauer höchst
leistungsfähig.

Andere orthopädische Systeme wie Sehnen und
Bänder stehen bei dieser Art zu laufen natürlich
unter hohem Druck und brauchen unbedingt
Anpassungszeit. Es lohnt sich, sich diese Zeit zu
nehmen und sich seinem Ziel langsam anzunä-
hern, denn Sie profitieren davon auf mehrfache
Weise: Sie sparen Kraft, schonen Ihre Gelenke
und setzen Ihre Muskeln wirksamer ein. Sie
werden schneller laufen. In meinem Fall konnte
ich darüber hinaus die Trainingsumfänge reduzieren.

Wie lerne ich, so zu laufen?

Haben Sie Ihre Lauf-Abc-Übungen jemals unter diesen Gesichtspunkten gemacht? Ich kann Sie nur dazu ermuntern. Insbesondere beim Anfersen (siehe Bilder Seite 28/29) haben Sie die perfekte Möglichkeit, diesen Moment zu erspüren und zu optimieren. Verkürzen Sie den Bodenkontakt ohne die Frequenz zu erhöhen. Achten Sie auf Ihren Körperschwerpunkt und heben Sie ihn höher und höher an. Es ist fast so, als würden Sie den Boden kaum noch berühren. Garnieren Sie Ihre langen Läufe doch mit regelmäßigen Technikanteilen und unterbrechen Sie damit die Monotonie des Dauerlaufs. Es reicht, wenn Sie anfangs kurze bewusste Sequenzen von wenigen Minuten einbauen. Diese Sequenzen fordern anfangs ein hohes Maß an Konzentration und bringen Sie vielleicht auch aus Ihrem Laufrhythmus. Wenn Sie sich die gezielten Bewegungen mehr und mehr angeeignet haben, wird das, was Sie sich an Technik erarbeitet haben, in Ihren normalen Bewegungsablauf einfließen.

Ich habe Sie im vorhergehenden Kapitel auf dynamisches Krafttraining angesprochen. Nehmen Sie auch da den kurzen Moment des Abdrucks bewusst wahr, verkürzen Sie ihn mehr und mehr und stecken Sie alle Kraft in diesen Moment.

Ich fordere Sie nicht auf, etwas Neues zu tun. Aber machen Sie alles mit einem Bewusstsein für Qualität. Das betrifft auch Ihren Alltag. Wenn Sie gut laufen wollen, sollte man Ihnen das bei jedem Schritt ansehen. Es macht auch Spaß, andere Läufer zu beobachten. Auch so kann man lernen.

Die Qualität des Bodenkontakts entscheidet.

Anfersen

1 Beginnen Sie im aufrechten Stand, schwingen Sie die Hacke zum höchstmöglichen Punkt.

2 Tauschen Sie sozusagen das eine gegen das andere Bein aus. Ziehen Sie den Boden unter sich weg.

3 Achten Sie darauf, Ihre Körperstreckung zu halten, während das andere Bein nach oben schwingt.

4 Reduzieren Sie die Zeit des Bodenkontakts immer mehr. Konzentrieren Sie sich! Schneller! Sauberer! Kürzer!

Overcrossing

1 Über die Mittellinie treten – beim Laufen keine gute Idee.

3 … oder beim Traben – setzen Sie bewusst über Kreuz auf.

2 Zum Training aber eine gute Übung. Ob beim Gehen …

4 Bekommen Sie ein Gefühl für die Pendelbewegung, damit Sie Ihnen beim Laufen auffällt.

In die richtige Richtung

Ich denke, der anfängliche Gedanke an die quer stehenden Räder ist Ihnen im Gedächtnis geblieben. Natürlich ist das kein leistungsfördernder Zustand. Wie könnte bei Ihnen ein ähnliches Missverhältnis entstanden sein? Meiner Erfahrung nach ist der größte Gegner einer guten Lauftechnik die Gewohnheit. Man hat es immer so gemacht und ist sich gar nicht bewusst, was konkret zu verbessern ist. Um Ihr Bewusstsein zu schulen, möchte ich Ihnen jetzt im Überblick einen Eindruck vermitteln, an welchen Stellen Energie verloren gehen und verpuffen kann.

Antreiben statt bremsen

Testen Sie sich bei nächster Gelegenheit: Wenn Sie am Boden aufkommen, liegt Ihr Körperschwerpunkt über oder eher hinter dem Punkt, wo Sie auftreffen? Denken Sie mit: Sie bewegen sich nach vorn. Wenn nun Ihr Körperschwerpunkt beim Auftreffen weit hinten liegt, stemmen Sie sich dann in Wirklichkeit nicht gegen die Laufrichtung? Was Sie in diesem Moment tun, nennt sich bremsen.

Es liegt auf der Hand, dass durch eine Verlagerung des Schwerpunkts nach vorn (es geht um den Körperschwerpunkt einschließlich des Beckens, nicht um mehr Vorlage des Oberkörpers!) die Bremswirkung reduziert wird. Gleichzeitig bewirkt ein nach hinten verlagerter Schwerpunkt, dass Sie Ihre Abdruckphase verkürzen.

Sie haben also zweifach schlechte Karten: Erstens: Sie bremsen. Zweitens: Sie drücken

wenig ab. Was können Sie tun? Wie angekündigt gehen wir später auf den Laufzyklus ein. Vorab aber konzentrieren Sie sich beim Laufen mehr und mehr auf den Moment des Abdrückens. Das Letzte, was den Boden verlässt, sind Ihre Zehen. Lassen Sie sie am Boden, so lange es geht. Hier bewirkt die Kraft, die Sie einsetzen, am meisten, denn sie wirkt in der richtigen Richtung und bringt Sie nach vorne.

Gerade statt quer

Konzentrieren Sie sich gedanklich auf Ihr Becken und beobachten Sie sich selbst genau beim Gehen. Schritt für Schritt: Welche Linie zieht Ihr Fuß? Ist es vorstellbar, dass diese Linie nicht genau oder nicht in jedem Abschnitt in die Richtung zeigt, in der Sie unterwegs sind? In Wirklichkeit ist es natürlich umgekehrt: Ihr Fuß ist am Boden »fixiert« und Ihr restlicher Körper wandert darüber mehr oder weniger stark zu den Seiten. Deutlich sichtbar wird diese Energieverschwendung am Ende eines Langdistanzlaufs, wenn die Athleten buchstäblich Schlangenlinien laufen. Das passiert auch im nicht ermüdeten Zustand, nur nicht ganz so ausgeprägt. Manche setzen über Kreuz auf, andere laufen Zickzack, vielleicht auch nur ein wenig. Solche Querbewegungen bringen niemanden schneller an das Ziel.

Kann es sein, dass so mancher Läufer mehr als die geforderte Distanz läuft, weil er seine Kraft am Boden nicht exakt entgegen der geplanten Richtung einsetzt – und das bei jedem Schritt? (Rechnen Sie: 30 000 Schritte × 10 cm = 3 km!!) Oft wird dieser typische Energieverlust durch eine übertrieben starke Oberkörperverdrehung sichtbar.

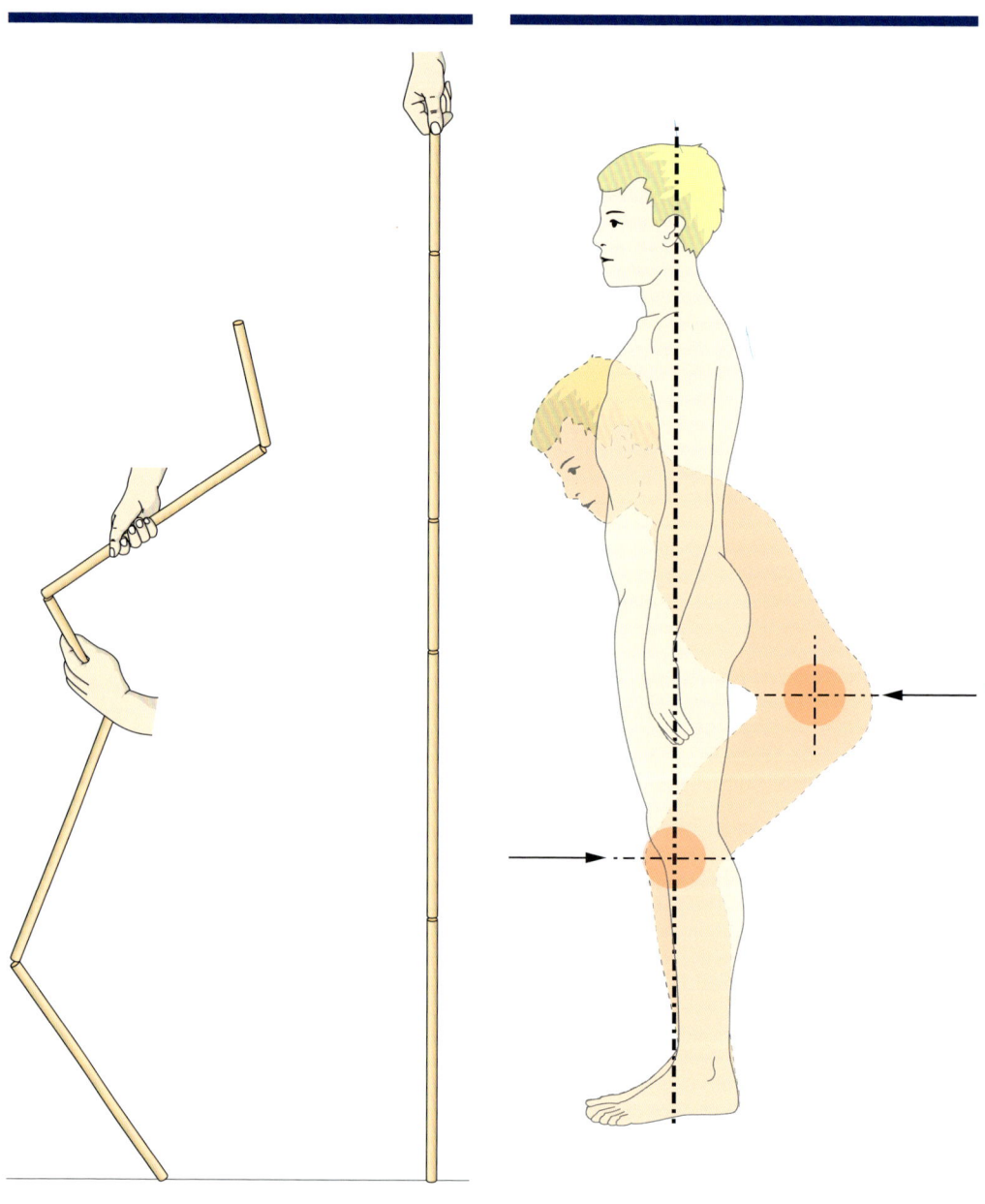

Strecken Sie sich, wenn Sie Kraft sparen wollen.

Hinsetzen, Aufstehen – Lauftraining am Bürostuhl

Eine Aufgabe für Sie: Schaffen Sie es, Ihren Arm-Schulter-Komplex beim Laufen nicht oder zumindest weniger zu verdrehen? Stellen Sie sich eine Stange vor, die durch Ihre beiden Schultern gesteckt ist. Versuchen Sie, diese Stange nicht zu verdrehen. Wenn Ihnen das schwerfällt, haben Sie die schwierigste Seite der Richtungsfrage erlebt: die muskulären Zusammenhänge in Ihrem Körper.

Entscheidend beim Laufen sind die Muskelketten, die entlang Ihrer Körperlängsachse verlaufen, entlang Ihrer Knochen. Muskuläre Dysbalancen lassen manchmal keine geradlinige Kraftentfaltung zu. Ein großes Potenzial steckt also in der Auflösung solcher Dysbalancen unter anderem durch eigene Dehn- und Kräftigungsarbeit, am besten mithilfe eines Physiotherapeuten. Meiner Erfahrung nach ist es aber genauso wichtig, die kleinen Schritte zu einer geeigneten Muskelbalance durch bewusstes Verhalten selbst zu gehen. Ihr Trainingsgebiet ist wieder der Alltag. Gehen Sie aufrecht, ohne zu verspannen. Achten Sie auf ein neutral positioniertes Becken (keine hohen Schuhabsätze, kein Hohlkreuz, kein Rundrücken) und bringen Sie Ihrem Körper so allmählich bei, in maximaler, nicht verkrampfter Aufrichtung möglichst geringe Muskelarbeit zu leisten. Gute Körperhaltung ist kein Kraftakt. Sie ist ein Normalzustand.

Gestreckt statt gebeugt

Wir wenden nun unseren Blick von der Front- auf die Seitenansicht des Läufers. Wenn wir den Läufer stark vereinfachen, passt der Vergleich mit einem Gelenkstab (siehe Illustration Seite 32 links). Wie viel Kraft kostet es Ihrer

Ansicht nach, den mehrfach angewinkelten Stab in Position zu halten, wenn Sie im Vergleich dazu mit zwei Fingern und einem leichten Zug den gestreckten Stab sicher halten könnten? Das ist keine Aufforderung dazu, Ihre Gelenke weniger zu beugen. Im Gegenteil, ein schneller Laufstil erfordert es, Gelenke in ihrem maximalen Umfang zu bewegen. Im Moment des Bodenkontakts (Timing!), wenn es darum geht, schnell viel Kraft zu übertragen, ist ein gestrecktes System mit gut fixierten Gelenken besser als ein weiches System, das nachgibt. Ich erinnere an den Gedanken, dass eine saubere Kraftlinie ohne Unterbrechung zum besten Ergebnis führt.

Wenn ich von Streckung oder Beugung spreche, dann bezieht sich das hauptsächlich auf den Becken- und Kniebereich. Stellen Sie sich eine Person vor, die sitzt, im Vergleich zu einer anderen Person, die aufrecht steht. Ich spiele auf den Winkel zwischen Oberkörper und Beinen und den Winkel zwischen Oberschenkeln und Waden an. Machen Sie die Übung: Stehen Sie bewusst von Ihrem Stuhl auf. Nehmen Sie wahr, wie sich Becken und Knie einer Linie annähern, die vom Fuß entlang des Körpers bis zum Hinterkopf führt (siehe Illustration Seite 32 rechts).

Schritt für Schritt besser laufen

Laufen passiert nicht zufällig. Man kann es verstehen. Nach dem Kopf folgt das Gespür und Schritt für Schritt auch die Routine. Lernen Sie in diesem Kapitel die Struktur des Laufens.

Die Laufbewegung im Detail

Jetzt wird es konkret: Wir nehmen uns die Laufbewegung im Zeitlupentempo vor. Die Vorgehensweise habe ich in vielen Trainingseinheiten allein, aber auch mit Kunden ausführlich erprobt: Wir konzentrieren uns auf jeweils einen Körperteil und stellen dabei den Bezug zum Gesamtzusammenhang, dem Laufzyklus, her. Denn wer kann sich schon auf fünf Abläufe gleichzeitig konzentrieren?

In kleinen Schritten vorzugehen gibt Ihnen genug Zeit, um die Abläufe zu verstehen, nachzufühlen und irgendwann intuitiv anzuwenden. Warum schenken wir jeder Phase (des Ablaufs) und jeder Faser (des Körpers) so viel Aufmerksamkeit? Eine perfekte Bewegung ist auch im Detail perfekt. Denken Sie an einen Fernseher mit hoher oder niedriger Auflösung (siehe Illustration unten).

Welcher hat die bessere Qualität? Wenn Sie durch die Verbesserung Ihrer sensomotorischen Fähigkeiten (Gehirn-Muskel-Kopplung) Ihre »Auflösung« erhöhen, wird Ihre Bewegung sichtbar geschmeidiger und für Sie besser steuerbar. Unter dem Stichwort »geschmeidige« Muskeln gehen wir später noch näher auf unsere Motorik ein.

Laufen mit vollem Bewusstsein in jeder Phase

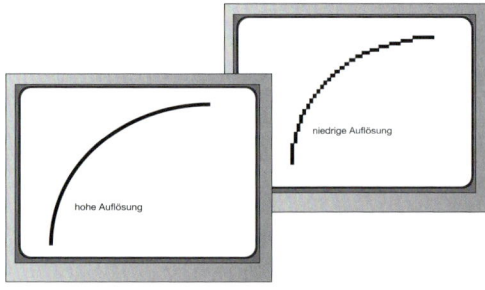

Ziel: geschmeidige Muskeln

Der Laufzyklus – vier Phasen, zwei Prozesse, zwei Perspektiven

Der Gedanke an einen Laufzyklus ist Ihnen wahrscheinlich nicht neu. Aber wie sieht es in der Praxis aus? Allzu oft bleibt es beim theoretischen Verständnis. Wenn das bei Ihnen der Fall ist, sind Sie zu einer Änderung bereit?

Vier Phasen

Der Laufzyklus, bezogen auf einen Schritt, wird üblicherweise in vier Phasen unterteilt. Ich gebrauche folgende Begriffe dafür: Setzphase (I), Abdruckphase (II), Rückschwungphase (III) und Hubphase (IV) (siehe Illustration unten).

Der Begriff Setzphase drückt den Gedanken des Setzens als aktives und bewusstes Platzie-

ren aus. Die Setzphase beginnt mit der Abwärtsbewegung des Beins und endet mit dem Moment des Bodenkontakts – diesem, wie besprochen, kleinen Zeitraum, in dem die Abwärtsbewegung des Körpers abgefangen und umgelenkt wird. Der Höhepunkt der Setzphase lässt sich gut im einbeinigen Stand wahrnehmen. Es sollte allerdings Ihr Ziel sein, möglichst schnell von der Setzphase zur Abdruckphase überzugehen, denn der Abdruck ist der einzige Teil des Zyklus, der Sie tatsächlich nach vorne bringt. Nach dem Abdruck schwingt das Bein nach oben. Hierbei ist keine Kraft aufzuwenden. Ein hoher Rückschwung ist verantwortlich dafür, dass die Bewegung auch wirklich annähernd einer kreisförmigen Bewegung gleicht. Durch Heranziehen des Beins entsteht letztlich ein – je nach Tempo – ausgeprägter Kniehub, was ich als Hubphase bezeichne. Mit der Abwärtsbewegung leiten Sie wieder die Setzphase ein.

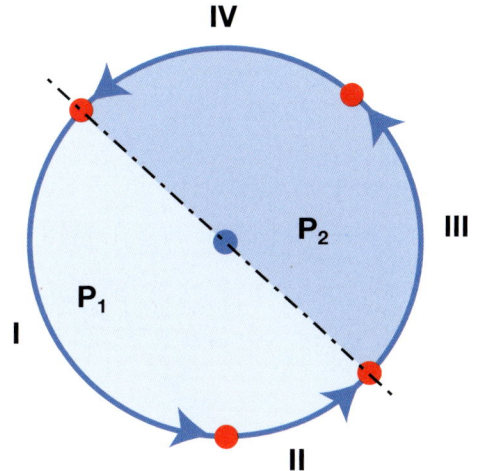

Phasen

I   Setz
II   Abdruck
III Schwung
IV Hub

P_1 Druckprozess
P_2 Zugprozess

Phasen und Prozesse des Laufens

Zwei Prozesse

Mir persönlich gelingt es besser, mich statt auf vier Zyklen lediglich auf zwei Prozesse zu konzentrieren. Nennen wir sie Zug- und Druckprozess. Der Zugprozess umfasst die Phasen III und IV, der Druckprozess die Phasen I und II. Der Zugprozess dient der Vorbereitung, der Druckprozess dem Abdruck und damit der Kraftübertragung. Worauf müssen Sie sich konzentrieren? Der Zugprozess erreicht seinen Höhepunkt mit dem höchsten Punkt des Knies am Ende der Hubphase, der Druckprozess diagonal dazu, und – wenn Sie an Ihr anderes Bein denken – genau gegenzyklisch, am Ende des Abdrucks. Das ist der Moment des größten Energieumsatzes. Wie eine Schere haben Ihre Beine hier die größte Öffnung.

Zwei Perspektiven

Die Sichtweise auf eine zyklische Laufbewegung ist deshalb sinnvoll, weil Sie sie selbst erleben, während Sie sich fortbewegen. Eine zweite Perspektive trägt allerdings zu weiterem Verständnis bei. Betrachten Sie nun einen Läufer von einem festen Punkt aus und verfolgen Sie den Schwerpunkt seines Fußaufsatzes (Setzphase) über einen gesamten Zyklus. Welche Kurve beschreibt dieser Punkt? Wenn wir beim Laufzyklus von einem echten Kreis ausgehen, entsteht durch die Überlagerung der Bein- mit der Vorwärtsbewegung eine sogenannte Rollkurve, die folgende interessante Eigenschaften hat (siehe Illustration unten), von denen wir lernen können:

1. Ein Punkt auf dieser Rollkurve bewegt sich nie nach hinten. Analog bewegt sich der Fuß in Wirklichkeit nie in den Raum hinter dem Läufer. Der Läufer bewegt sich davon weg.

   Wir lernen: Beim Rückschwung konzentrieren wir uns auf die Bewegung nach oben, das Hochschwingen der Hacke. Das bereitet die Hubphase optimal vor.

2. Der Punkt, also der Fuß, bewegt sich auf unserer optimalen Rollkurve in genau demselben Winkel zum Boden wie vom Boden weg. Dieser Winkel beträgt 90 Grad.

   Wir lernen: Wir setzen den Fuß auf direktem Weg in den Boden, sodass unser Körperschwerpunkt beim Aufsetzen bereits genau über diesem Punkt steht. So vermeiden wir Bremseffekte.

3. Wie schnell wechselt der Punkt am Boden die Richtung? In unserem Idealfall unendlich schnell.

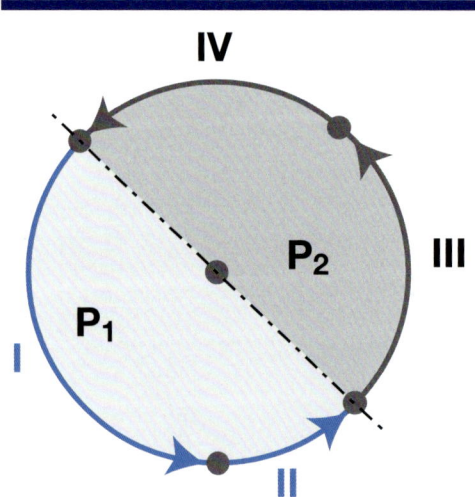

Die Rollkurve – aus dem Zyklus …

Wir lernen: Der Moment am Boden ist schnell zu überwinden. Ziel ist eine lange Flug- und eine kurze Abdruckphase. Das »Rad«, der Zyklus, ist demnach zeitlich gesehen ungleichmäßig zu durchlaufen. Abdruck- und Hubphase erfolgen (gegenläufig) betont schnell. Dazwischen wird abgewartet. Das ist Ihre Flugphase. Hier »machen« Sie Meter.

Kurze oder lange Schritte – das Rad bleibt rund

Diese Beschreibung macht Ihnen hoffentlich die Dynamik des Laufens bewusst. Nun wenden Sie ein, dass Leistungsfähigkeit diese Dynamik nicht zulässt. Ist es für Sie anstrengend, so zu laufen? Was können Sie in diesem Fall tun? Drehen Sie das Rad einfach kleiner. Damit wird zwar Ihre Schrittlänge kleiner, auch Ihre Geschwindigkeit sinkt, aber Sie reduzieren sie nicht auf Kosten der Technik. Noch immer holen Sie das Maximum aus Ihrer Form heraus.

Bitte denken Sie auch an Folgendes: Wenn diese Art, sich zu bewegen, für Sie neu ist, dauert es einige Zeit, bis sich Ihre Muskeln auf die neue Anforderung eingestellt haben. Geben Sie sich etwas Zeit. Ihr Körper kann die neue Laufbewegung lernen.

Mir gefällt de Gedanke, dass jeder, ob langsam oder schnell, seine Lauftechnik optimieren kann. Mann muss das schöne Laufen nicht den Schnelleren überlassen. Gleichzeitig gilt die Ausrede »bei meinem Tempo ist das nicht nötig« nicht. Relative Tempogewinne sind übrigens für jeden zu realisieren.

Wir wechseln nun die Perspektive und sehen uns verschiedene Körperbereiche an, die beim Laufen eine entscheidende Rolle spielen. Untersuchen wir, wie sie in den beschriebenen Phasen und Prozessen aktiv zum Erfolg beitragen.

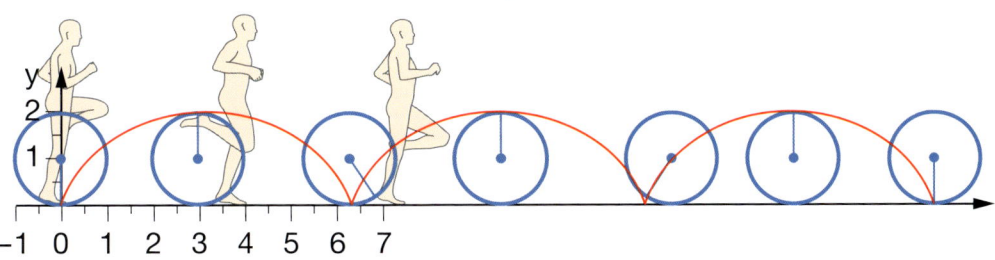

… werden Bögen, wenn es sich fortbewegt.

Übung: Einbeinstand

1 Beginnen Sie im aufrechten Stand. Balancieren Sie Ihr Gewicht gut über beiden Füßen.

2 Heben Sie abwechselnd ein Bein an und bleiben Sie im Gleichgewicht.

3 Schließen Sie gerne die Augen und bewegen Sie das angewinkelte Bein, um die Schwierigkeit zu erhöhen.
Variieren Sie zwischen Vorfuß- und Fersenbelastung, zwischen linker und rechter Seite, spüren Sie dann die Mitte.

Fuß

Der Fuß ist für mich als Läufer eine der faszinierendsten Strukturen des Körpers. Jeder noch so ausgetüftelte Laufschuh wirkt dagegen mehr als plump. Am Fuß befinden sich etwa ein Viertel der Knochen unseres Körpers, entsprechend viele Gelenke, Sehnen und Bänder sowie circa 50 Muskeln. Der Fuß ist demnach für höchste Mobilität gemacht und sicher nicht, um ihn passiv im Schuh einzusperren. Was müssen Sie wissen, um Ihren Fuß aktiv zum Laufen und für den Vortrieb einzusetzen?

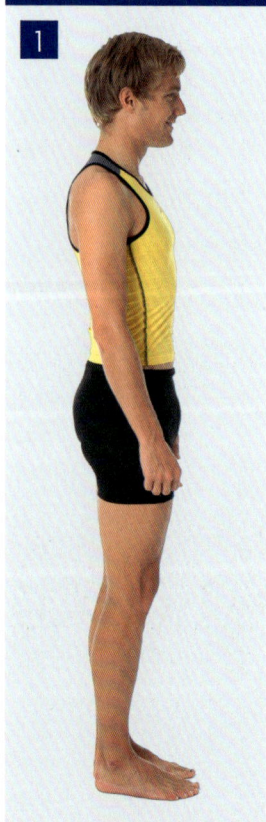

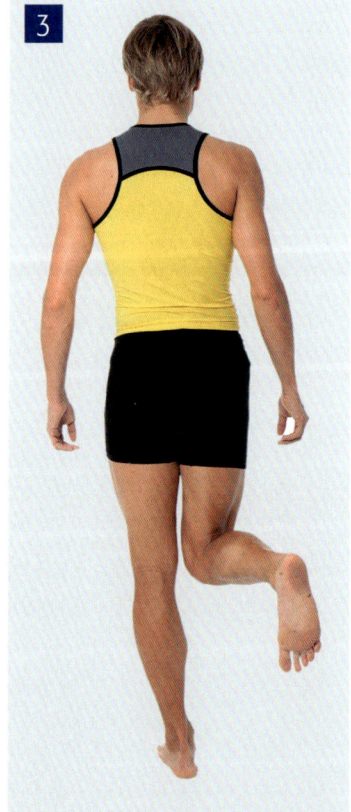

Bedeutsam ist der Einsatz des Fußes natürlich während des Bodenkontaktes. Testen Sie seine Funktion: Stellen Sie sich auf ein Bein und achten Sie darauf, wie die Muskeln von den Zehen bis zum Knie arbeiten, um das Gleichgewicht zu halten. Sie werden feststellen, dass sich Ihr Mittelfuß hebt, dass Ihre Zehen auf den Boden Druck ausüben. Wenn wir vom Fuß sprechen, dann ist nicht lediglich der Fuß an sich, sondern der Bereich bis zum Knie gemeint. Die Muskeln am Unterschenkel gehören offiziell zu den Fußmuskeln.

Sie stehen noch immer auf einem Bein? Spüren Sie die kleinen Bewegungen im Mittelfußbereich, wie sich Ihr Vorfuß zum Rückfuß verdrehen kann, wie Ihre Zehen Unebenheiten ausgleichen? Achten Sie einmal auf die Muskeln an der Fußsohle, die nun aktiv sind. Schließen Sie Ihre Augen. Stehen Sie immer noch genauso sicher?

Erinnern Sie sich an meine Aussagen über Kräfte und Richtung? Macht es Sinn, viel Kraft aufzuwenden, nur um die Richtung, die Balance zu halten? Wäre es nicht ein konkretes Ziel, das Aufsetzen so exakt auszubilden, dass sich diese Kippbewegungen nach links und rechts minimieren? Sie sollten wirklich lernen, mit geschlossenen Augen auf einem Bein zu stehen, damit Sie sich einprägen, wie der Fuß zu setzen ist. Wechseln Sie bei dieser Übung auch regelmäßig den Untergrund, um die Herausforderung zu erhöhen.

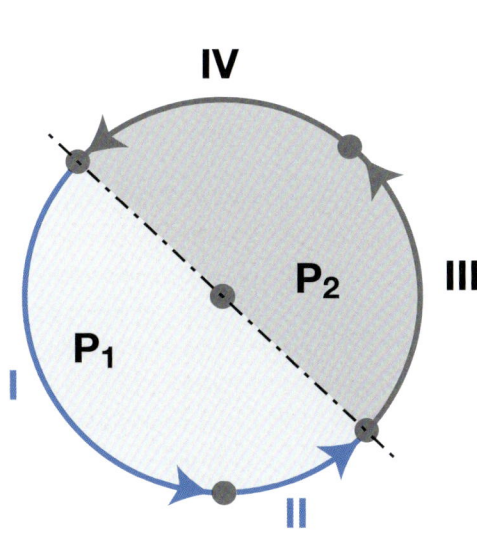

In dieser Phase achten wir auf den Fuß und das Becken.

Einbeinstand – Training für den perfekten Bodenkontakt

Gehen wir einen Schritt weiter. Immer noch mit geschlossenen Augen bewegen Sie sich nun in Zeitlupe Schritt für Schritt nach vorn. Versuchen Sie, die schwierigste Phase, wenn Sie auf einem Bein stehen und die Ferse in Richtung Kniekehle anheben, zeitlich auszudehnen. Erkennen Sie hier ein Verbesserungspotenzial bezüglich der Präzision dieser Bewegung? Auf diese Art können Sie einstudieren, in welcher Richtung der Abdruck zu erfolgen hat. Noch etwas zum Thema Richtung: Beginnen Sie, aus dem ein- oder beidbeinigen Stand Ihre Ferse(n) anzuheben. Bewegen Sie sich auf einer Linie zur Kniekehle hin. Erfahrungsgemäß kippen die Fersen jedoch deutlich nach außen. Es ist wichtig, in diesem Moment die Richtung zu halten, denn jetzt erfolgt in der Praxis der Abdruck, der ja nicht zu den Seiten hin verpuffen soll.

Dämpfung, Achsen und Fußgewölbe

Der Fuß ist eine aktive Struktur mit ausgeprägten Dämpfungseigenschaften. Dämpfung erfordert einen gewissen Dämpfungsweg. Die aktiven Elemente im Fuß, unsere Muskeln,

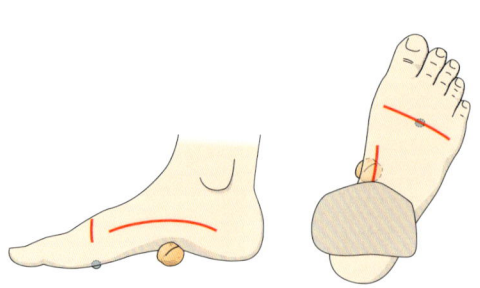

Erbse und Haselnuss – so erinnern Sie sich daran, Ihren Fuß aktiv zu gebrauchen.

sorgen wie Federn im Auto dafür, dass nach dem Dämpfungsvorgang der Ausgangszustand wiederhergestellt wird. Wie Stoßdämpfer absorbieren sie einen Teil der Aufprallenergie. Die Fußmuskeln haben also eine konkrete Aufgabe, die Sie bewusst steuern können. Wie soll das gehen?

Zwei Arten von Gewölbe charakterisieren Ihren Fuß. Eines läuft längs, eines quer zum Fuß. Beide Gewölbe erfüllen ihre Aufgabe am besten, wenn sie längs beziehungsweise quer zur Bewegungsrichtung ausgerichtet sind. Setzen Sie Ihren Fuß demnach möglichst gerade entlang der Linie auf, auf der Sie sich bewegen. Diese Linie verläuft, von der Straße kommend, auf Ihren Fuß zu, längs mittig durch den Fuß bis kurz vor die Ferse, von dort ohne seitliche Abweichung bis zur Mitte des Knies und weiter den ganzen Körper entlang bis zum Hinterkopf.

Mit den Zehen »Klavier spielen«

Falls Sie Ihre Fußmuskeln nicht gut wahrnehmen, seien Sie nicht enttäuscht. Sie sind mit dem Problem nicht allein. Hier einige Hilfen (siehe Illustration links): Stellen Sie sich vor, Sie würden unter Ihrem Quergewölbe hinter dem Ballen eine Erbse fixieren, auf der Innenseite Ihres Fußes unter Ihrem Längsgewölbe eine Haselnuss. Wenn Sie etwas mehr Nachdruck brauchen, stellen Sie sich einfach Reißnägel vor. Sie sind nun gezwungen, aktiv zu werden und Ihre Gewölbe anzuheben. Aber Vorsicht: Lassen Sie die Zehen parallel am Boden, ohne sie heranzuziehen.

Eine andere Hilfe ist eher mechanischer Art: Bewegen Sie Ihren Fuß durch Massagen und eigene Muskelarbeit. Wahrscheinlich sind Ihre Strukturen unbeweglich geworden. Erwecken Sie sie wieder zum Leben. Gute Übungen dafür sind: Mit-den-Füßen-Kreisen, Mit-den-Zehen-Greifen und Auf- und Abbewegungen mit den Fußspitzen. Nutzen Sie Ihren Alltag dafür. Lernen Sie, mit den Zehen »Klavier zu spielen«.

Der Fuß und die Schrittlänge

Auch die Unterschenkelmuskulatur gehört wie gesagt zum Fuß. Unterschätzen Sie nicht die Wirkung eines dynamischen Abdrucks, bei dem der Fuß am Schluss weiter nach hinten klappt, auf Ihr Lauftempo. Wenn die Bodenverhältnisse diese Dynamik zulassen, können Sie auf diese Art Ihre Schrittlänge deutlich steigern, denn Sie verlängern Ihre Flugphase. Auch wenn die Kraft Ihrer Waden relativ gering erscheint, wirkt sie doch in der effektivsten Richtung. Ich achte vor allem im letzten Drittel eines Wettkampfes auf dieses Detail.

Becken

Der Beckenbereich ist die Kraftzentrale des Körpers. Von dort gehen sämtliche aktiven Kräfte aus. Hier findet die Kraftverteilung zwischen Ober- und Unterkörper statt. Jeder kleine Impuls – zum Beispiel in Form einer Fehlstellung im Beckenbereich – hat große Auswirkungen an anderer Stelle. Hier laufen große Muskelpakete auf verschiedenen Ebenen und aus verschiedenen Richtungen zusammen. Wir sollten dem Becken große Aufmerksamkeit schenken. Es lohnt sich durchaus, hierfür ein wenig Anatomie zu »studieren«.

Was muss man als Läufer wissen, um die verschiedenen Aufgaben des Becken-Rumpf-Bereichs zu seinem Vorteil zu nutzen? Es ist für mich als Autor nicht leicht, hier die richtigen Worte zu finden, denn es gilt, ein Gefühl für den Spagat zwischen kontrollierter Kraft und maximaler Lockerheit zu finden. Es kann nicht das Ziel sein, die »richtige« Beckenposition mit Gewalt zu erzwingen – sie soll sich natürlicherweise ergeben. Beginnen wir so: Was ist die »richtige« Beckenposition? Welche Bewegungsrichtungen sind zu berücksichtigen? Wie können wir dieses Wissen zum Vorteil nutzen?

1. Vor- und Zurückkippung

Setzen Sie sich entspannt auf einen Stuhl. Sie spüren drei Punkte: die beiden Sitzbeinhöcker und Ihr Steißbein. Nun heben Sie Ihr Steißbein so weit an, wie Sie können und bewegen es anschließend wieder zur Sitzfläche zurück. Die Achse verläuft in einer gedachten Linie durch beide Hüftgelenke. Versuchen Sie nun, diese Bewegung im Stehen zu machen.

2. Seitwärtskippung

Sie stehen aufrecht auf beiden Beinen. Verteilen Sie das Gewicht gleichmäßig. Heben Sie nun bei gestreckten Beinen abwechselnd die eine und die andere Beckenseite an. Versuchen Sie, Ihren Oberkörper aufrecht zu halten. Die Achse dieser Bewegung verläuft knapp oberhalb des Schambeins von vorn durch den Körper. Stellen Sie sich nun mit einem Bein auf eine Treppe. Das andere Bein hängt in der Luft. Lassen Sie das freie Bein tiefer sinken als das Standbein und heben es dann wieder an, bis beide Beine wieder auf einer Ebene sind. Beide Beine bleiben gestreckt.

3. Beckendrehung

Beobachten Sie sich einmal beim Sitzen: Schließen beide Knie in einer Linie ab oder tendieren sie zu einer leichten Verdrehung? Führen Sie diese Bewegung im Sitzen einmal bewusst aus, um die Bewegungsachse wahrzunehmen. Sie verläuft, wenn Sie aufrecht sitzen, ungefähr in Verlängerung der Wirbelsäule. Üben Sie diese Verdrehung nun auch im Stehen. Zur Veranschaulichung siehe die Grafik unten. Die zweite Reihe beschreibt die Beckendrehung.

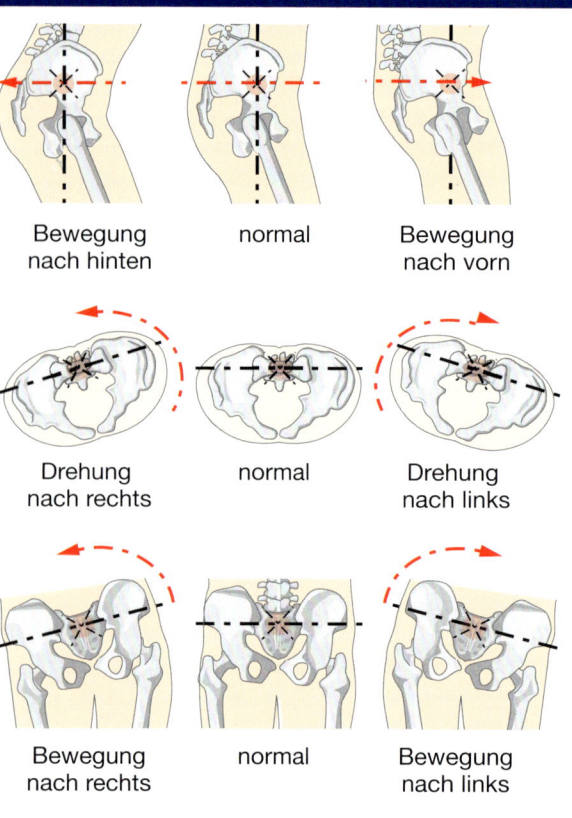

Bewegung nach hinten	normal	Bewegung nach vorn

Drehung nach rechts	normal	Drehung nach links

Bewegung nach rechts	normal	Bewegung nach links

Ein bewegliches Becken unterstützt Sie in allen Laufphasen.

Beachten Sie bitte, dass in der Praxis natürlich Überlagerungen dieser drei Bewegungen stattfinden. Die Abläufe lassen sich nicht voneinander trennen. Da wir das zum besseren Verständnis trotzdem machen, sind Widersprüche nicht ausgeschlossen. Konzentrieren Sie sich bei der Betrachtung deshalb auf jeweils eine Körperseite und auf Ihr Empfinden statt auf Ihr Verständnis.

Mit Beckenwahrnehmung schneller laufen

Die eben erklärten Beckenbewegungen wollen wir nun auf ihren Nutzen untersuchen, wenn wir sie beim Laufen einsetzen.

Zu 1.: Größere Schrittlänge – der Vorteil der Vor- und Zurückkippung

Eine Übung zur Verdeutlichung: Stellen Sie sich hin und heben Sie ein Knie maximal an. Was passiert mit Ihrem unteren Rücken? Er wird natürlicherweise die Bewegung aktiv unterstützen und sich krümmen. Als Kontrast dazu machen Sie die Übung mit betont starrer Wirbelsäule oder einem leichten Hohlkreuz. Der Kniehub wird deutlich anstrengender und flacher. An diesem Beispiel wird deutlich, dass der Kniehub unterstützt wird, wenn Sie das Becken kippen. Es ist so, als würde sich Ihr Bein um das Maß verlängern, das zwischen Hüftgelenk und Beckenquerachse liegt. Beim Aufsetzen kippt das Becken wieder in seine neutrale, aufrechte Position. Sie erinnern sich? Größerer Kniehub, größeres Rad, größere Schrittlänge – das ist der Vorteil der Vor- und Zurückkippung. Abgesehen davon senken Sie so das Risiko von Überlastungsbeschwerden im Hüftbeugerbereich, da die Kräfte weicher und in größerem Winkel umgelenkt werden.

Zu 2.: Kürzerer Bodenkontakt – der Vorteil der Seitwärtskippung

Versetzen Sie sich in die Situation während der Flugphase kurz vor dem Aufsetzen und halten Sie dort die Zeit an. Ihr Körper steht aufrecht, Ihr Fuß ist auf dem direkten Weg nach unten. Sie haben nun zwei Möglichkeiten: Die erste Möglichkeit besteht darin, passiv zu landen, was bedeutet, dass Sie es Ihrem Körper überlassen, auf den Aufprall zu reagieren. Was wird mit Ihrem Becken passieren? Es wird seitwärts einsinken. Es wird Zeit brauchen, es wieder aufzurichten, um den nächsten Schritt einzuleiten.

Bei der zweiten Möglichkeit können Sie Ihren Fuß aktiv aufsetzen: Sie suchen bewusst den Boden, strecken sich ihm förmlich entgegen, sind muskulär auf die harte Belastung vorbereitet und entschlossen, Ihr Becken nicht über eine gedachte ebene Linie seitwärts kippen zu lassen. Wie auch immer Sie muskulär ausgestattet sind, der Moment der Kraftübertragung wird sich deutlich verkürzen. Die gesundheitlichen Vorteile:

Sie aktivieren Ihre innen liegenden Beinmuskeln und Ihren Beckenboden. Sie schützen damit Ihre Organe genauso wie Ihre Wirbelsäule und Ihre Hüft- und Kniegelenke.

Zu 3.: Besserer Abdruck – der Vorteil der Beckendrehung

Der Vorteil der Beckendrehung entsteht genau dann, wenn Sie es nicht tun. Vielleicht ertappen Sie sich auch bei dem Denkfehler, dass Sie dem vorderen Bein mit der gleichen Beckenseite hinterhergehen. Was entsteht, ist eine Art Passschritt und eine Drehbewegung, die sich

natürlich bis zu den Schultern fortsetzt. Kann eine Verdrehung des Körpers Sie schnell nach vorn bringen? Was sagen wohl Ihre Gelenke dazu? Wie können Sie der Verdrehung entgegenwirken? Welchen Vorteil bringt das?

Das Becken hat eine Schlüsselfunktion beim Laufen.

Machen wir wieder eine Momentaufnahme zum Zeitpunkt des Abdrucks. Nehmen wir das rechte Bein, kurz bevor der Fuß den Boden verlässt. Stellen Sie sich eine Linie durch Ihre beiden Hüftgelenke vor. Der Abdruck übt nun einen Katapulteffekt auf Ihre rechte Beckenseite aus mit dem Ziel, beide Beckenseiten parallel nach vorn zu bewegen. Drehen Sie die Zeit ein wenig weiter: Ihre rechte Beckenseite fliegt durch diesen Impuls nach oben und vor allem nach vorn. Unterstützt wird diese Bewegung durch den rechten Arm. Was Sie jetzt machen, ist im Grunde ein Sprungschritt.

Konzentrieren Sie sich einfach auf rechts: rechter Abdruck, rechte Hüftseite, rechter Arm. Vergleichen Sie nun mit der linken Seite. Was erreichen Sie durch diese Technik? Ihr Abdruck wird effektiv in Vortrieb umgesetzt.

Beckenmobilisierung

1 Beginnen Sie in fast aufrechter Position. Stehen Sie sauber auf beiden Beinen.

2 Kippen Sie nun Ihr Becken noch vorne. Der Abstand zwischen Becken und Rippen wird

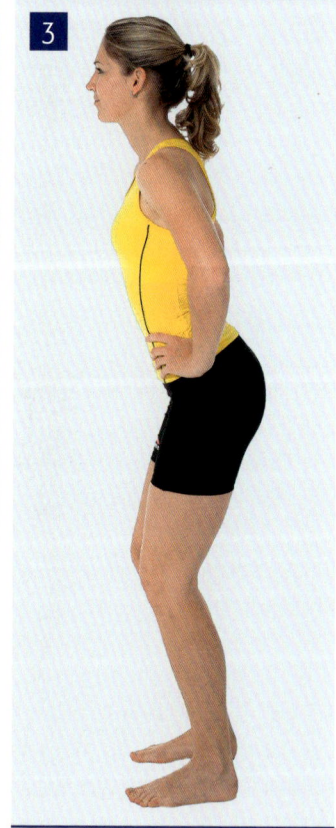

kleiner. Bewegen Sie Ihr Becken nun langsam in die entgegengesetzte Richtung, bis ein Hohlkreuz entsteht.

3 Führen Sie die Übung zur Abwechslung in Schrittstellung aus.

4 Entwickeln Sie ein Gefühl für jeden Abschnitt der Bewegung. Arbeiten Sie nicht schnell, sondern sauber und bewusst.

5 Wechseln Sie bei dieser Übung regelmäßig die Beine.

Varianten für Fortgeschrittene

Sie können zur Abwechslung die Füße einmal enger, einmal etwas breiter aufsetzen.

Führen Sie die Bewegung etwas weiter und beziehen die Brustwirbelsäule und die Halswirbelsäule mit ein.

Lassen Sie die Bewegung nun einmal am Hals und einmal am Becken beginnen.

Anforderungen an Beweglichkeit und Kraft

Sie können Ihre technische Entwicklung etwas unterstützen, indem Sie an Ihren strukturellen Voraussetzungen arbeiten. Dass eine gute Lauftechnik mit Arbeit verbunden ist, haben Sie mittlerweile sicher festgestellt, sodass Sie dafür offen sind. Ein Übungsprogramm finden Sie auf der vorherigen Seite.

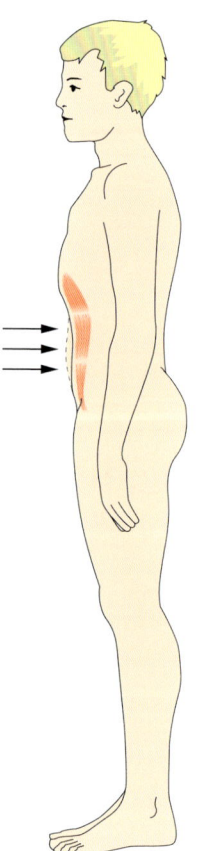

Beweglichkeit und Stabilität – der Wert der Bauchmuskulatur

Zwei Muskelgruppen sind für eine saubere Beckenarbeit entscheidend: Ihre Bauchmuskeln und Ihre Glutei. Alleine über deren Aufbau werden Bücher geschrieben. Auch wenn ich mich wiederhole – ich würde Ihnen raten, mehr über die menschliche Anatomie zu lernen. Konzentrieren wir uns aber auf die Wahrnehmung: Ihre Bauchmuskeln haben beim Laufen ihre aktive Bedeutung während des Bodenkontakts. Dort sorgen sie für die nötige Festigkeit, um Lande- und Abdruckkräfte zu kompensieren beziehungsweise zu verteilen. Denken Sie bei der Aktivierung Ihrer Bauchmuskeln an einen Ansaugeffekt. Üben Sie das so: Atmen Sie komplett aus und drücken Sie noch etwas nach. Achten Sie jetzt auf Ihre Bauchmuskeln. So fühlt sich das Ansaugen an. Es ist eine Bewegung in Richtung Wirbelsäule (siehe Illustration links). Dabei kontrahieren große Teile der Bauchmuskulatur, nicht nur einzelne Segmente.

Nicht weniger groß ist die Bedeutung der Glutei. Ohne sie würde Ihr Körper zusammensacken, sich absetzen. Ein aktiver Gluteus hebt das Becken in seine neutrale, aufrechte Position und wirkt in Zusammenarbeit mit der Bauchmuskulatur dem Abwärtstrend beim Landen entgegen. Beim Abdruck arbeitet er aktiv an der Beckenstreckung mit. Dabei können Sie ihm die Arbeit durch eine gut gedehnte Hüftbeugermuskulatur erleichtern. Auch ist grundsätzlich ein beweglicher Beckenbereich von Vorteil. Gerade an den Grenzen der Beweglichkeit ist sonst der muskuläre Aufwand erheblich. Arbeiten Sie an Ihrer Beckenmobilität, indem sie regelmäßig die vorhin beschriebenen Bewegungsrichtungen üben.

Hacke

Wenden wir uns dem Rückschwung zu. Wie angesprochen, bedeutet der Rückschwung technisch keine Bewegung in den Raum hinter dem Körper. Das Ziel des Rückschwungs ist es, den Beinschwerpunkt maximal nach oben in Richtung Körperschwerpunkt zu heben. Auf diese Art lässt sich später in der Hubphase das gesamte Bein leichter nach vorne bewegen. Das spart Kraft und Zeit.

Sie erinnern sich an das Rad und die Rollkurve und die Abhängigkeit zwischen der Größe des Zyklus und der Schrittlänge (siehe Abbildung unten)? Oder lassen Sie es mich so veranschaulichen: Binden Sie ein Gewicht an ein 50 Zentimeter kurzes Seil und lassen Sie es in einer Sekunde jeweils einmal kreisen. Verlängern Sie nun das Seil stückweise und führen Sie dieselbe Aufgabe aus. Je größer der Abstand des Gewichts zum Mittelpunkt, desto mehr Kraft müssen Sie aufwenden.

Genauso ist es auch mit Ihrem Beinschwerpunkt, der sich um Ihren Körperschwerpunkt bewegt. Das hört sich nach harter Arbeit an, nicht wahr? Und tatsächlich, wenn ich im Stand die Hacke zum Po bringen will, muss ich enorm viel Kraft aufwenden. Auch neigen die entsprechenden Muskeln zum Krampfen. Wie gelingt Ihnen dieser Rückschwung ohne Kraftverlust?

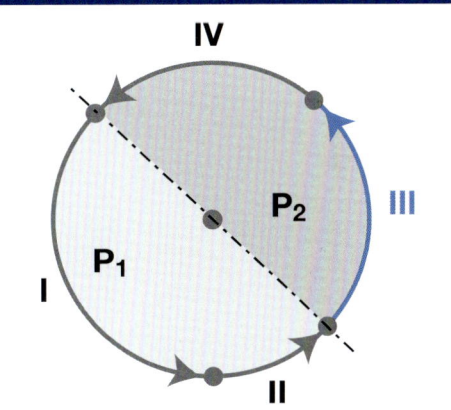

In dieser Phase achten Sie auf die Hacke.

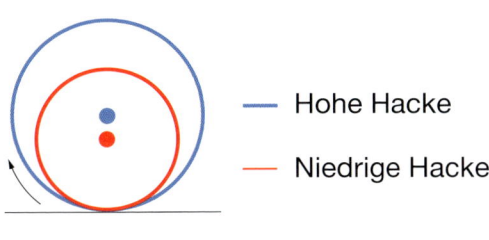

Hohe Hacke, großes Rad, langer Schritt

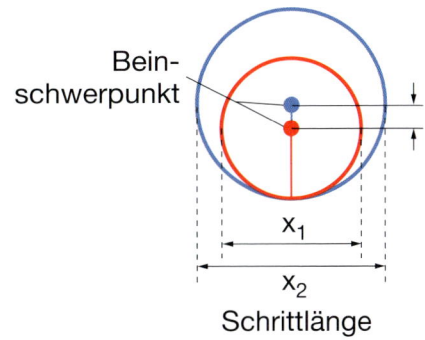

Loslassen

Es klingt leicht, wenn ich Ihnen sage, dass Sie Ihre Beinmuskeln nach dem Abdruck einfach entspannen. In der Praxis ist allerdings der Zeitraum zwischen Kraftentfaltung beim Abdruck und Entspannung während des Rückschwungs extrem kurz. Es ist eine große motorische Herausforderung für Ihre Muskeln, so rasch zu reagieren. Die Muskeln schnell anzuspannen – das gelingt uns vielleicht noch, doch wer von uns hat es schon geübt, seine Muskeln schnell zu entspannen? Wie kann man das tun?

Entspannen ist beim Laufen genauso wichtig wie Anspannen.

Das klassische Lauf-Abc bringt im Grunde alle Elemente mit. Achten Sie vor allem beim Anfersen auf eine lange Flugphase und Ihre Entspannungsfähigkeit. Es geht darum, dass Sie sich dessen bewusst werden, was beim Entspannen geschieht, und mit diesem Bewusstsein Ihre Fähigkeiten mehr und mehr auf den Punkt bringen. Das ist ein Prozess, der seine Zeit braucht.

Nicht jeder von uns ist gleich gebaut. Eine schlanke Beinmuskulatur, gut gedehnte Oberschenkel und Hüftbeuger erleichtern den entspannten Rückschwung. Andere müssen die rückseitige Beinmuskulatur unterstützend einsetzen, um die Hacke nahe an den Po zu bekommen. Natürlich hängen Lauftempo und Höhe der Hacke auch in der Hinsicht zusammen, dass ein hohes Tempo und die damit einhergehenden größeren Fliehkräfte einen hohen Rückschwung erleichtern. Wenn Sie schneller laufen, wird Ihnen auch der Rückschwung besser gelingen.

Und wohin geht Ihr Rückschwung?

Sind Sie je mit einem Fahrrad mit schlecht zentrierten Rädern gefahren? Sie hatten sicher keinen Spaß. Beim Laufen besteht vor allem beim Rückschwung erhebliche Gefahr, seitwärts auszuweichen oder den Unterschenkel zum Oberschenkel zu verdrehen. Sicher ist Ihnen das bei anderen Läufern schon aufgefallen. Abgesehen von dem problematischen Einfluss auf das Kniegelenk geht hier eine Menge Energie zu den Seiten hin verloren. Auch wird der nächste Schritt nur unzureichend vorbereitet. Ihr Rückschwung hat es also verdient, dass Sie sich eine Zeit lang intensiv mit ihm beschäftigen. Zentrieren Sie Ihr Rad. Führen Sie Ihre Füße auf einer ebenen Bahn entlang Ihrer Bewegungsrichtung. Ihr Rad wird sich schneller drehen und dabei weniger Kraft verbrauchen.

Knie

Was ist das Knie? Wenn ich diese Frage stelle, fasst sich fast jeder an die Kniescheibe. Das Knie ist in unserer Wahrnehmung oft nur dieser vordere Bereich. Dabei nehmen viele nicht bewusst wahr, dass das Knie zum Beispiel auch eine Rückseite hat und ein dreidimensionales Gebilde ist. Wenn Sie sich in Zukunft auf das Knie konzentrieren, versuchen Sie, es als Ganzes wahrzunehmen, mit seiner linken und rechten Seite, vorn wie hinten, innen wie außen. Wenn Sie also den Mittelpunkt des Knies zeigen sollten, so wäre das wirklich ein Punkt im Inneren des Gelenks, vielleicht so groß wie ein Stecknadelkopf.

Wenn Sie mit Ihrem Bewusstsein nicht an diesem Mittelpunkt sind, wird Ihr Körperschwerpunkt immer auf außen liegenden Strukturen lasten, was Schmerzen verursachen kann und keine annähernd ideale, nämlich lineare Kraftentfaltung zulässt.

Das Knie beschäftigt uns in jeder Phase des Laufzyklus. Während der Setzphase erfährt es eine dynamische Streckung, beim Landen selbst wird es muskulär in einer stabilen Position gehalten, während des Abdrucks streckt es sich weiter. Während des Zugprozesses beugt sich das Knie maximal an und beschleunigt zum höchsten Punkt der Hubphase.

Das größte Potenzial in Bezug auf eine effektive Lauftechnik liegt in den zwei Dimensionen Richtung und Kraft. Das Knie befindet sich etwa im Mittelpunkt der Beinachse. Sie können sich, um sich die Beinachse einzuprägen, eine Linie zwischen Mitte Knöchel, Mitte Knie und Mitte Hüftgelenk vorstellen. Weicht das Knie davon ab, entsteht eine krumme Beinachse mit all ihren negativen Folgen: Querbelastungen, Kraftvergeudung und Schmerzen.

Von der Seite gesehen weicht das Knie natürlich von der gedachten Linie zwischen Bodenkontaktpunkt und Hüftgelenk ab, v. a. im Moment der größten Belastung. Aber versuchen Sie, diese Abweichung zu minimieren.

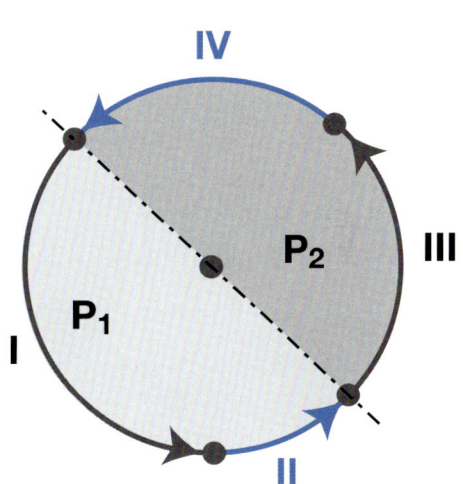

Knie

In dieser Phase achten Sie auf den Mittelpunkt Ihres Knies. Ihr Knie hat drei Dimensionen.

Kniehebelauf

1 Nehmen Sie Ihr Knie so weit nach oben, wie es unverkrampft geht.

2 Drücken Sie das Standbein gegengleich in den Boden. Es ist so, als würden Sie eine Schere öffnen.

3 Konzentrieren Sie sich auf Ihre Bauchmuskeln, die Ihr Knie förmlich zum Körper ziehen.

4 Erhöhen Sie nun die Frequenz und vergleichen Sie die linke mit der rechten Seite.

5 Vergessen Sie nicht, ruhig zu atmen und die Arme und Schultern locker zu lassen.

Wie trainieren Sie eine gerade Beinachse?

Achten Sie darauf, auf welcher Bahn Ihr Knie während des Laufzyklus läuft. Würde sich diese Bahn, wenn Sie auf mich zulaufen, von der Bahn Ihrer Füße unterscheiden lassen? Im Optimalfall nicht, denn wenn Knöchel, Knie und Hüfte auf einer Ebene liegen, »fahren« Sie sozusagen mit einem vollkommen zentrierten Rad. Besonders entscheidend ist diese Zentrierung während des Bodenkontakts.

Ich darf Sie an dieser Stelle wieder an den ge-
liebten Einbeinstand erinnern. Simulieren Sie
häufig diese wichtige Station Ihres Zyklus. Den
darauf folgenden Abdruck trainieren Sie am
besten beim Gehen, mit Ausfallschritten oder
beim Berganlaufen: Lassen Sie dabei nicht zu,
dass Ihr Körperschwerpunkt über diesen Punkt
seitlich wegwandert. Bleiben Sie Ihrer Beinachse treu und entwickeln Sie die Kraft genau
an dieser Achse entlang. Während der an-
schließenden Rückschwung- und Hubphase
ist es Ihre Aufgabe, die Kniemitte auf der beschriebenen Laufzyklusebene zu führen. Das
ist besonders schwierig, da jetzt keine Bindung

zum Boden mehr besteht und das Knie seitlich
frei beweglich ist. Außerdem erschweren es
muskuläre Dysbalancen oft, die Richtung zu
halten. Zum Beinachsentraining gehört neben
ausführlichem Balancetraining demnach auch
ein ausgewogenes Kräftigungs- und Dehnpro-
gramm mit dem erklärten Ziel, ein muskuläres
Gleichgewicht herzustellen. Bei der Dehnung
sollten Sie vor allem auf den Hüftbeuger- und
Rumpfbereich achten. Meist verhindern dortige
Mängel eine ungezwungene und barrierefreie
Bewegung. Sie können sich vornehmen, an
dieser Stelle umzulernen und bewusster wahrzunehmen, was wirklich passiert.

Was bedeutet Kniehub?

Die Frage ist, was passiert in Ihnen, wenn Sie Ihr Knie heben? Die Antwort ist deshalb wichtig, weil sich so manches Schmerzsyndrom im Hüftbeugerbereich vermeiden ließe und weil sich technisch hier eine Kopplung mit dem Thema Beckenkippung (vor/zurück) ergibt. Hören Sie in sich hinein. Woher kommt die Kraft, die Ihr Knie nach oben zieht? Doch eigentlich nicht aus der Richtung, die das Knie nimmt. Vielmehr ist der Kniehub die Reaktion darauf, dass ein Muskel (der Hüftbeuger) von der Oberschenkelvorderseite über eine Umlenkung an der Hüfte in den Bauchraum gezogen wird. Wenn Sie ein Seil am Knie befestigen und über eine Umlenkrolle in Richtung Bauchnabel ziehen würden, würde sich der gleiche Effekt ergeben.

Diese Erkenntnis kann Ihnen den Kniehub erheblich erleichtern, denn Sie müssen Ihr Knie nicht mehr heben, Sie müssen es nur heranziehen. Das geht deshalb leichter, weil die Bewegung nun entlang des Muskels erfolgt, der für den Kniehub verantwortlich ist – nicht quer dazu. Wenn Sie nun daran denken, wie Sie durch entsprechende Beckenkippung den Widerstand bei der Umlenkung reduzieren können, haben Sie ein großes Potenzial zur Verbesserung Ihres Kniehubs entdeckt. Je besser Sie Ihr Knie anheben, desto bessere Voraussetzungen findet Ihr gegenläufig einsetzender Abdruck. Kniehub bedeutet nicht, mit dem Körper nach hinten zu fallen. So würden Sie sich nur selbst betrügen. Erinnern Sie sich, Sie wollen Übungen dieser Art ja in Ihren konkreten Laufstil integrieren. Ihren Oberkörper in Rücklage zu versetzen, wäre kontraproduktiv.

Halten Sie Kopf- und Schulterbereich also in einer aufrechten Position.

Arme

Leisten die Arme denn wirklich einen nennenswerten Beitrag zum schnellen Laufen? Sicher nicht unmittelbar, es sei denn, Sie wollen es mit Luftverdrängung versuchen. Nach dem, was Sie in diesem Buch gelernt haben, ist Ihnen bestimmt bewusst geworden, dass das Laufen nicht lediglich eine Sache der Beine ist. Laufen fordert den Körper komplett. Dazu gehören auch die Arme. Wir können die Arme einsetzen, um unsere Laufbewegung zu behindern oder sie zu unterstützen. Beides kostet Energie. Im letzten Fall setzen wir sie aber gewinnbringend ein. Wofür entscheiden Sie sich? Ich betone das deshalb, weil kaum eine technische Veränderung auf so viele mentale Widerstände stößt wie die Anpassung der Armhaltung. Seien Sie sicher, es wird sich zwei Wochen lang komisch anfühlen. Das ist normal. Danach hat Ihr Gehirn den neuen Zustand akzeptiert.

Gibt es die perfekte Armhaltung? Ich will an dieser Stelle nicht dogmatisch sein. Es geht nicht um ein perfektes Läuferdreieck und einen extrem kleinen Winkel im Ellenbogen. Eine gute Armhaltung erfüllt einen Zweck und diesen will ich hier darstellen.

Hände hoch!

Gehen Sie in den Wald laufen und strecken Sie die Arme in die Höhe. Wie ist das? Haben Sie das Gefühl, Ihr Becken verdreht permanent und Sie kommen schlecht nach vorn? Sie brauchen also die Arme, um der Drehbewegung entgegenzuwirken, die sich ergibt, weil Ihre Beine nicht mittig, sondern seitlich am Körper ansetzen. Führen Sie die Arme nun tief nach unten. Sie werden in abgeschwächter Form einen ähnlichen Effekt erleben. Auch hier erfüllen die Arme nicht ihren Hauptzweck – also Drehbewegungen auszugleichen. Irgendwo in der Mittel liegt also die Wahrheit.

Jetzt wird es interessant: Wir sind uns darüber einig, dass Drehbewegungen uns nicht nach vorn bringen. Sie sind also zu minimieren. Unsere Arme sind ein Mittel, um diese Drehbewegungen auszugleichen. Wie stark ist die Drehbewegung im Optimalfall? Minimal. Alles andere kostet Sie unnötig viel Energie.

Eine Übung: Legen Sie die Arme über Kreuz auf die Brust und laufen Sie! Versuchen Sie jetzt, die Drehbewegung zu minimieren. Auf diese Art schulen Sie Ihre Beine, Kraft in die richtige Richtung zu entwickeln. Vielleicht sieht man Ihnen beim normalen Laufen gar keine Drehbewegung an, weil Sie Ihre Arme zum Ausgleich verwenden. In diesem Fall tendieren die Arme stark dazu, sich seitlich abzuspreizen. Ich nenne das gerne Kleiderbügeleffekt. Oft ist der Komplex Arme-Schultern-Nacken sehr verspannt und verdreht sich als Ganzes. Das lässt auf große Spannungen im Inneren des Körpers schließen. Es ist eine gute Idee, dieses Problem vonseiten der Armhaltung anzugehen, diese enger zu führen und dem Rest des Körpers stückweise beizubringen, sich enger an seiner Mittelachse zu orientieren und die Kraft längs dazu zu entfalten, statt sie in Drehbewegung zu investieren.

Arme aktiv einsetzen

Die Arme erfüllen einen zweiten wichtigen Zweck: Sie unterstreichen den Abdruck. Im Kapitel »Becken« habe ich auf den Zusammenhang rechter Abdruck/rechte Beckenseite/rechter Arm hingewiesen. Im Moment des Abdrucks arbeitet demnach auch der Arm mit seiner Masse in die Richtung, die der Linie entspricht, in der sich die Kraft den Körper entlang entfaltet. Ein effektiver Armeinsatz wirkt also nicht quer, sondern längs zur Bewegungsrichtung. Er hat eine horizontale wie vertikale Komponente. Dabei bleibt die Schulter an Ort und Stelle, sie hebt oder verdreht sich nicht. Der Ellenbogen bewegt sich auf einer Kreisbahn um das Schultergelenk und setzt im selben

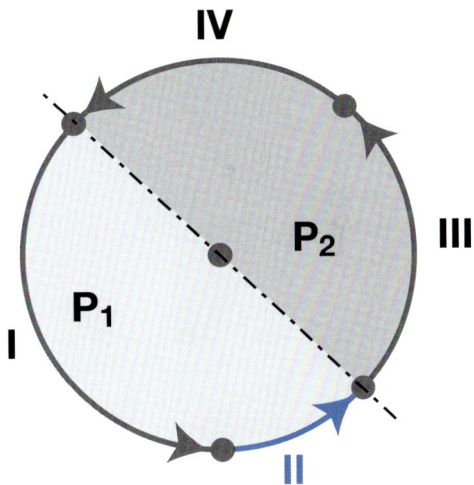

Arme

Achten Sie auf Ihre Arme!

Moment einen kurzen Akzent wie das gleichseitige Bein, das sich abdrückt. Denken Sie an das Kapitel »In die richtige Richtung« zum Thema Timing zurück. Anfangs wird es sich etwas seltsam anfühlen – nach zwei Wochen haben Sie sich an die Armhaltung gewöhnt.

Arme, Bauchmuskeln, Stabilität

An der Armhaltung ist abzulesen, ob jemand Ober- und Unterkörper effektiv gekoppelt hat.

Achten Sie beim nächsten Lauf auf Ihre Laufpartner. Fällt Ihnen jemand ins Auge, der sich in etwa wie folgt bewegt: Die Arme tief, den Oberkörper sehr aufrecht oder beinahe nach hinten geneigt; bei jedem Schritt scheint das Becken »wegzulaufen«?

Dagegen Sie mit Ihrer perfekten neuen Technik: Die Arme kompakt am Körper, ohne zu verkrampfen; beim Abdruck schiebt das Becken den Oberkörper entlang einer Linie ohne Knick.

Die Armarbeit spiegelt die muskuläre Situation im Inneren Ihres Körpers. Sie soll unterstützen, nicht bremsen.

Die Arme unterstützen den Absprung ebenfalls entlang dieser Achse. Ihre Bauchmuskeln haben in diesem kurzen Moment ausreichend Festigkeit, um die Kraft nach oben weiterzugeben. Der Abstand zwischen unterem Rippenbogen und Ihrem Becken bleibt stabil.

Wie gesagt, nehmen Sie sich Zeit, um das umzusetzen. Es wird Ihnen Spaß machen. Versuchen Sie, nicht zu viel nachzudenken. Entwickeln sie ein Gefühl dafür.

Die Arme – der perfekte Taktgeber

Ich will noch einmal darauf hinweisen, dass Arm- und Beinbewegung, gekoppelt über die Körpermitte, nicht voneinander zu trennen sind, um ein effektives Laufen zu ermöglichen. Den möglichst kurzen, sauberen Bodenkontakt haben wir ausführlich besprochen. Ich will noch kurz auf die Bedeutung des Takts zu sprechen kommen und die Aufgabe der Arme dabei.

Unabhängig von der Technik ist ein präziser Takt ein Garant für eine gleichmäßige Leistung. Wem es außerdem gelingt, technisch präzise zu laufen und bei jedem Schritt/Takt die gleiche Distanz zurückzulegen, hat einen wichtigen Schlüssel für schnelle Zeiten in der Hand. Und die Hände/Arme leisten hier Schützenhilfe, denn Durchtakten kostet Aufmerksamkeit und die geht über die Zeit nun mal gerne verloren. Lassen Sie die Arme genauso kurz und genau zu demselben Zeitpunkt ihre Bewegungsrichtung wechseln wie es die Beine tun. Umgekehrt, passen Sie Ihren BodenkonTAKT der Vorgabe Ihrer Arme an. Werden sie immer bewusster und präziser. Laufen Sie Ihr Tempo immer länger exakt durch.

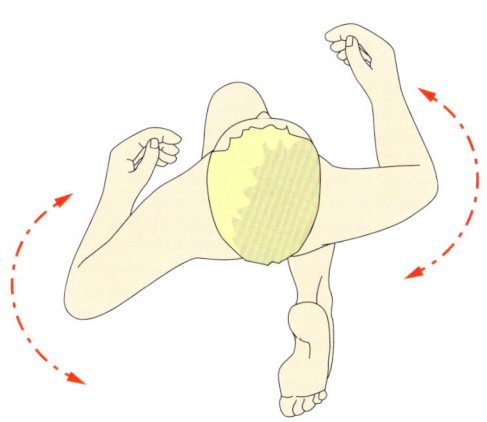

falsche Armhaltung

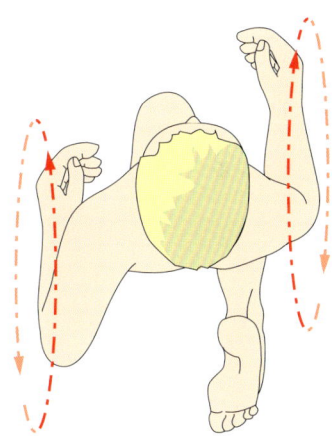

richtige Armhaltung

Breite und schmale Armführung. So lösen Sie die Bremse.

Weitere Optimierungs- möglichkeiten

Über die Mechanik des Laufens hinaus ist der technische Ansatz lange nicht ausgereizt. Sehen Sie sich an, was Sie sonst noch tun können, um perfekter zu laufen.

Es geht noch besser

In den Kapiteln »Was man über Lauftechnik wissen muss« und »Schritt für Schritt besser laufen« haben wir nun die zentralen lauftechnischen Gesichtspunkte analysiert und so aufbereitet, dass Sie sie stückweise umsetzen können. Sind Sie daran interessiert, Ihre Technik noch weiter zu verfeinern? Dann habe ich eine Reihe von Tipps, die ich mit Ihnen teilen will. Sie bauen vollständig auf den vorhergehenden Aussagen auf und sind sofort praktisch umsetzbar. Es handelt sich um vier Aufgaben, die Ihr Gefühl für das richtige Timing verbessern und Ihnen helfen, Ihre Kräfte noch wirtschaftlicher und effizienter einzusetzen.

Besser nie landen!

Einfach nicht landen – eine Utopie. Jeder landet, auch die besten Läufer der Welt. Aber wir stellen fest, dass schnellere Läufer am Boden weniger Zeit verbringen und in einem

Viel Zeit in der Luft, wenig am Boden

günstigeren Winkel auftreffen als langsame Läufer. Ich erinnere Sie an die erläuterte Roll-kurve mit dem minimal kurzen Wendepunkt am Boden oder das voll aufgepumpte Rad, das im Optimalfall nur eine winzige Fläche am Boden belegt. »Es ist gut, das zu wissen, aber wie setze ich das um?« Lesen Sie dazu »Mein Rat« auf der nächsten Seite.

Übungen wie diese sind eine Möglichkeit, Be-lastungen mental vorwegzunehmen, um darauf vorbereitet zu sein. Sie werden lernen, sich für ein bestimmtes Verhalten zu entscheiden statt nur zu reagieren.

Bis Sie den Boden kaum noch berühren.

Höher, höher, höher!

Energie sparen!

Machen Sie einmal folgenden Test: Ziehen Sie die Gesichtsmuskeln nach oben, nehmen Sie die Schultern zu den Ohren und ballen Sie die Fäuste. Verharren Sie in dieser Position für mindestens 30 Minuten. Ich glaube nicht, dass Sie das ernsthaft tun. Wenn doch, werden Sie sich danach nicht entspannt und beweglich fühlen.

Mut zur Hässlichkeit – mit entspanntem Gesicht.

MEIN RAT

Nehmen Sie den Bodenkontakt mental vorweg. Stellen Sie sich vor, Sie würden fünf Zentimeter eher auf den Boden treffen (siehe Abbildung Seite 61). So können Sie sich überlisten. Kennen Sie den Effekt, dass Sie beim Treppabgehen annehmen, es würde noch eine Stufe folgen? Dementsprechend verhalten Sie sich. So auch beim Laufen: Verhalten Sie sich so, als ob der Boden schon da wäre und bereiten Sie Ihren Aufsatz darauf vor. In Wirklichkeit haben Sie dann einen Moment mehr Zeit, um zu mehr Streckung zu gelangen, den Aufsatzwinkel zu verbessern und vor allem mit genügend Vorspannung in den tatsächlichen Abdruck zu gehen. Sie werden dann mit deutlich mehr Körperstreckung laufen. Vielleicht bekommen Sie den Eindruck, mit den »Rädern« fast durchzudrehen und den Boden gar nicht mehr zu berühren. Willkommen in der Welt der Läufer!

Zugegeben, es sieht nicht sehr attraktiv aus, mit »losgelassenen« Gesichtsmuskeln zu laufen. Ein Wettkampf ist aber auch kein Laufsteg und bei einem Rennen geht es nicht um den Titel der Miss Germany. Hinterher werden Sie in jedem Fall sehr viel entspannter aussehen und auch entkrampfter sein. Haben Sie einmal bei einem Volkslauf oder Marathon zugesehen? Achten Sie einmal darauf, wie viele Teilnehmer mehr oder weniger in einer solchen Verkrampfung laufen. Sehen Sie sich doch einmal Wettkampffotos von sich an.

Drei Schritte zur Muskelpause

Neben der Frage, welche Muskeln zu schonen und welche sinnvoll einzusetzen sind, ist es ein großes Ziel, relevanten Muskeln regelmäßig eine Pause zu gönnen. Muskeln sind nur im zyklischen Wechsel zwischen Spannung und Entspannung leistungsfähig. Gute Läufer haben die Fähigkeit perfektioniert, ihre Muskeln in kürzester Zeit maximal zu entspannen. Drei Schritte mögen Ihnen helfen:

1. Üben Sie im Sitzen, Liegen oder Stehen, einzelne Muskeln, die Sie gerade nicht einsetzen, vollständig von Spannung zu befreien. Konzentrieren Sie sich auf einzelne Muskeln oder kleine Muskelgruppen. Die Übung wird Ihnen anfangs leichter fallen, wenn Sie die Augen dabei schließen.

2. Versuchen Sie, die gleichen Muskeln nach einer Kontraktion in kürzester Zeit in den Zustand der Entspannung zu bringen.

3. Projizieren Sie das auf die Laufbewegung, und konzentrieren Sie sich zunächst je auf eine Körperseite.

»Geschmeidige« Muskeln

»Ich bin Grobmotoriker. Das war schon als Kind so.« Diesen Satz höre ich oft. Tatsächlich sind wir aufgrund unserer genetischen Disposition mit unterschiedlichen motorischen Fähigkeiten ausgestattet. Das heißt aber nicht, dass wir nicht im Rahmen unserer Möglichkeiten in der Lage sind, uns zu verbessern. Unter motorischer Fähigkeit versteht man unter anderem, mit einem Nerven-

MEIN RAT

Lernen Sie, nur die Muskeln intensiv zu verwenden, die Sie auch brauchen, und nur in dem Moment, in dem Sie sie benötigen. Welche Muskeln für die Laufbewegung entscheidend sind, haben wir ausreichend besprochen. Je besser Ihre Technik, umso mehr Muskeln können Sie entspannen.

Man kann das übrigens tatsächlich an der Muskelmasse des einzelnen Läufers messen: Technikorientierte Läufer haben tendenziell schlankere Muskeln als kraftorientierte. In jedem Fall kostet Muskelarbeit Energie und fordert den Stoffwechsel und damit auch die Herz-Kreislauf-Belastung.

Jeder Muskel, den Sie nicht fordern, spart Energie, die Sie an anderer Stelle einsetzen können. Welchen Nutzen hat es, Ihre Gesichts-, Nacken- oder Armmuskeln zu verkrampfen?

reiz eine gewisse Menge an Muskelfasern anzusprechen. Ein grobmotorisch veranlagter Mensch spricht größere Pakete an als ein feinmotorisch talentierter. So fallen auch seine Bewegungen gröber aus. Der Feinmotoriker gleicht einem Bildschirm mit hoher Auflösung (siehe Abbildung Seite 64). Kurven und Übergänge sind klar erkennbar und scharf. Beim Laufen kann man kein Pauschalurteil darüber fällen, welcher motorische Typ im Vorteil ist. Allerdings wächst die Fähigkeit, sich an Bodenverhältnisse, Müdigkeit oder an-

MEIN RAT

Ich empfehle Ihnen dringend – egal welche Veranlagung Sie haben –, daran zu arbeiten, Bewegungen weich und »geschmeidig« auszuführen. Das üben Sie am besten so:

Gehen Sie beim Techniktraining die Bewegungsabläufe des Laufzyklus bewusst im Kopf durch, bevor Sie beginnen. Machen Sie das sehr langsam. Sezieren Sie die Bewegung förmlich. Je langsamer Sie vorgehen, desto weniger können Sie schummeln, indem Sie ungewohnte Positionen einfach schnell übergehen.

Führen Sie die Bewegung dann tatsächlich aus – und zwar genauso langsam wie in der Vorstellung und, wenn möglich, mit geschlossenen Augen. An welcher Stelle fällt Ihnen die Bewegung besonders schwer?

Konzentrieren Sie sich darauf, während Sie laufen. Dieselbe Vorgehensweise verbessert auch die Qualität Ihres Krafttrainings.

Führen Sie saubere, geradlinige und zeitlich konstante oder konstant beschleunigte Bewegungen aus. Ein hervorragendes Übungsfeld dazu ist Ihre Lungenmuskulatur. Sie brauchen kein Trainingsgerät, um »geschmeidiger« zu atmen.

dere Umstände anzupassen, mit der motorischen Begabung des Läufers. Ich kenne auch Grobmotoriker, die hervorragend laufen. Feinmotorikern fällt es jedoch etwas leichter, neue Bewegungsabläufe zu lernen.
Grobmotorisch veranlagt zu sein ist keine Ausrede dafür, nicht an Bewegungsabläufen zu feilen. Umstellungen dauern eben nur ein wenig länger.

Geschmeidige Gluteus-Muskulatur

1 Beginnen Sie in tiefer Brückenposition. Die Handflächen zeigen zu den Fersen. Lassen Sie Ihren Unterschenkel genau senkrecht stehen. Nicht zu weit weg platzieren.

2 Führen Sie nun Ihr Becken nach oben. Sie können zur Vereinfachung auch beide Beine am Boden lassen.

3 Führen Sie die Auf-Ab-Bewegung mehrfach langsam durch. Ziel: eine gleichmäßige Bewegung.

4 Sie können die Position auch phasenweise halten. Vermeiden Sie ein Hohlkreuz.

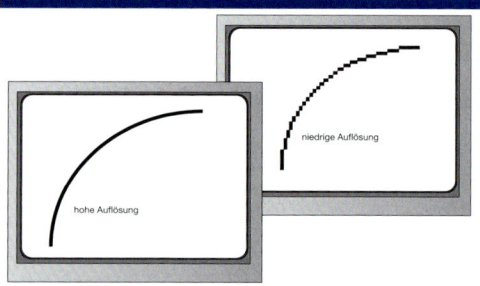

Ziel: geschmeidige Muskeln mit hoher »Auflösung«

MEIN RAT

Dehnen Sie intensiv und regelmäßig Ihre rückseitige Beinmuskulatur und Ihre Glutei. Am besten lassen Sie sich dabei von einem Physiotherapeuten unterstützen.

Dehnung Glutei

1 Sitzen Sie aufrecht. Ziehen Sie das linke Knie zur linken Schulter.

2 Die gleiche Übung. Jedoch ziehen Sie das jeweilige Knie zur gegenüberliegenden Schulter. Dehnung etwa 20 Sekunden halten.

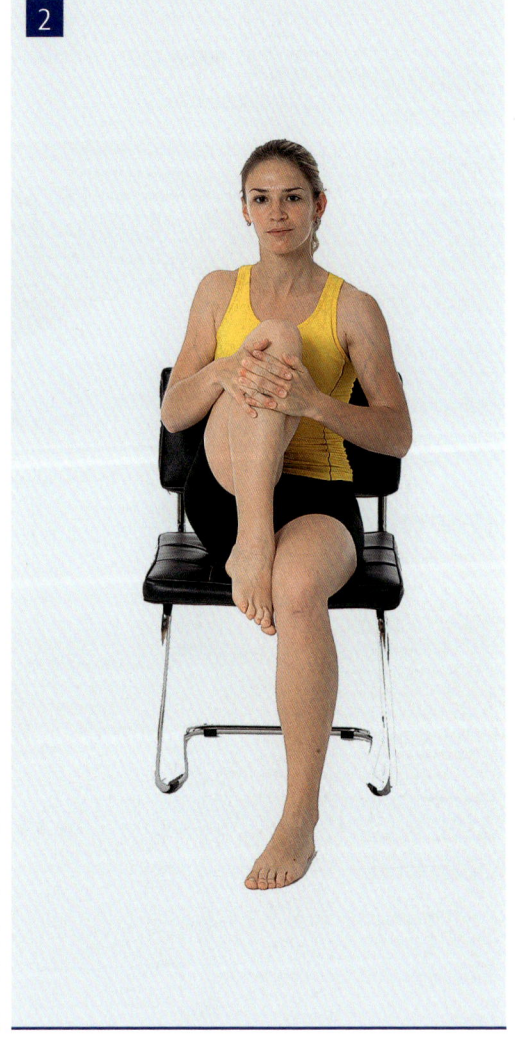

Bewegungsumfang

Ich möchte hier die Bedeutung der Beweglichkeit noch einmal explizit herausstellen. Nicht
umsonst sind Spitzenläufer im Ausdauerbereich
meist mit sehr schlanken Gliedmaßen ausgestattet. Diese lassen sich einfach leichter
»zusammenfalten«. Eine höhere Hacke schafft
einen besseren und leichteren Kniehub.
Schmale Beine finden leichter den (geraden)
Weg aneinander vorbei etc. Aber wie gesagt,
mit jeder Ausgangsposition ist eine messbare
Verbesserung zu erzielen, wenn man bereit ist,
an sich zu arbeiten.
Welche Winkel hatten wir als die entscheidenden ausgemacht? Sehen Sie sich das Bild auf

MEIN RAT

Machen Sie Atemübungen, indem Sie
mehrmals maximal einatmen und
ausatmen, dabei an die Grenzen gehen
und dort für einige Sekunden die Luft an-
halten. Es gibt auch Lungentrainingsgeräte
zu kaufen, an denen man die Ein- und
Ausatemwiderstände einstellen kann.

dieser Seite an. Sie erkennen einen Beinöff-
nungswinkel von circa 90 Grad bei mittlerem
Lauftempo. Langsamere Läufer tendieren zu
Winkeln unter 70 Grad. Wie ist das bei Ihnen?

Der Beinöffnungswinkel als Parameter für einen dynamischen Laufstil

Potenzial an den Grenzen der Beweglichkeit

Unser Hebelsystem hat an den Grenzen seiner Beweglichkeit den größten Effekt. Denken Sie an das Thema Abdruck zurück. Je besser Ihre Streckung, desto besser der Vortrieb. Wenn Sie gleichzeitig den Beinöffnungswinkel verbessern, erschließt sich von der technischen Seite aus die Chance, das Rad, das Sie drehen, und damit die Schrittlänge zu vergrößern (siehe Abbildung unten).

Die Hundertprozentatmung

Ein großes Potenzial zur Verbesserung des Bewegungsumfangs findet sich auch im Bereich der Atmung. Sie können bewusst auf Ihr Lungenvolumen und sogar Ihren Stoffwechsel Einfluss nehmen, wenn Sie am Maximum und Minimum Ihres Atemzyklus besser werden. Also tief ein- und ausatmen, Ihre Lunge komplett in Anspruch nehmen.

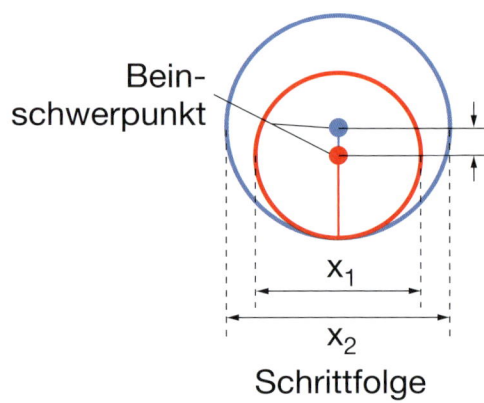

Bein- schwerpunkt

x_1

x_2

Schrittfolge

Aktiver Alltag spart Zeit.

Größere Schrittlänge durch mehr Beweglichkeit

Immer laufen!

Wie viele Stunden trainieren Sie wöchentlich? Nehmen wir an, es sind fünf. Wie lange achten Sie dabei bewusst auf Ihre Lauftechnik? Wenn Sie zu den wenigen gehören, die regelmäßig ihr Lauf-Abc absolvieren, schaffen Sie es möglicherweise auf 30 Minuten. Respekt! Was tun Sie, wenn Sie nicht offiziell trainieren? Wenn Sie Alltagskleidung tragen, im Büro sitzen oder zum Einkaufen gehen? Wie viele Stunden verbringen Sie neben Ihren fünf Stunden Training damit, Ihren Alltag zu leben?

Bemerken Sie das riesige Potenzial, das Ihnen der Alltag bereithält? Überlegen Sie, wie viele Schritte Sie wöchentlich machen, ohne dass man es explizit als Lauftraining bezeichnen kann.

Superman – das lockert auch Ihr Meeting auf.

MEIN RAT

Nutzen Sie Ihren Alltag besser. Keine Sorge, Sie sollen nicht anfangen, jeden Meter zu rennen. Auch beim Gehen sind alle relevanten Bewegungen, die Sie auch beim Laufen machen, enthalten. Selbst im Sitzen lassen sich wichtige Inhalte wie Körperaufrichtung und Streckung sinnvoll trainieren. Machen Sie sich Ihre Bewegungen bewusst. Verbessern Sie sich im Detail. Behalten Sie dabei die Gedanken im Sinn, die ich Ihnen vermittelt habe:

1. Vergessen Sie nicht Ihre Atmung.
2. Entspannen Sie die Muskeln, die Sie im Moment nicht brauchen.
3. Aktivieren Sie Ihre Bauch- und Fußmuskeln.
4. Bewegen Sie Ihre Fußgelenke, wann immer sich die Gelegenheit dazu bietet.
5. Bleiben Sie in Ihrer Gehbewegung rund. Heben Sie dazu Ihre Hacke und Knie ein wenig mehr als gewöhnt.

Perfekte Lauftechnik – so lautet der Buchtitel. Ist es nicht clever, ergänzend zu 30 Minuten Lauftechniktraining jeden möglichen Schritt zum Training zu nutzen? Bei jedem Golfer oder Tischtennisspieler würde man erwarten, dass er täglich Stunde um Stunde einsetzt, um seine Technik zu optimieren. Sie als Läufer wollen sich mit 30 Minuten wöchentlich zufrieden geben?

Läufer, die nicht laufen

Auch das gibt es: Läufer, die sich zwar auf ihren Beinen fortbewegen, aber nicht technisch sauber laufen. Das ist nicht clever, da sich der Körper so weiter fehltrainiert und dem Optimum keinen Schritt näherkommt. »Aber es ist so anstrengend, die neue Technik umzusetzen!« Da gebe ich Ihnen recht.

Entscheiden Sie sich!

Ich habe festgestellt, dass es weniger eine Frage des zufälligen Könnens ist, technisch gut zu laufen, als eine Frage der Entscheidung. Oft neigen wir dazu, andere machen zu lassen, damit sich Dinge verbessern. Beim Laufen klappt das nicht. Sie müssen selbst laufen, bei jedem Schritt. Es funktioniert nicht, 30 Minuten Lauftechnik zu üben, das Thema dann aus dem Sinn zu verbannen und zu erwarten, dass sich eine optimale Lauftechnik von selbst einstellt.

Wer schnell laufen will, muss sich bei jedem Schritt aufs Neue entscheiden, technisch gut aufzusetzen, abzudrücken und das Bein zurückzuholen, die Arme nah am Körper zu halten etc. Vielleicht ist das die wichtigste Aussage in diesem Buch: Entscheiden Sie sich dafür, perfekt zu laufen. Setzen Sie sich ein großes Ziel, kleinere Zwischenziele und streben Sie diese konsequent an. Geben Sie Ihrem Körper Zeit, sich anzupassen, aber bleiben Sie auf dem Weg zu Ihrem Ziel. Behalten Sie das Ziel im Sinn, egal, ob Sie mit 16 oder mit acht Stundenkilometern unterwegs sind oder ob Sie gehen.

Laufen ist nach meinem Verständnis eine Frage des Verhaltens. Sie und ich sind Läufer, ob wir

MEIN RAT

Laufen Sie weniger Kilometer, dafür aber mehr und mehr sauber und bewusst.

nun rennen, gehen, stehen oder sitzen. Es passiert in jedem Moment, bei jedem Schritt. Und man kann noch feiner abstimmen, wie Sie jetzt wissen. Daran ändert sich auch dann nichts, wenn man den Zyklus 35 000-mal bei einem Marathon wiederholt.

Auch dazu ist der Alltag gut

Es ist nicht verboten, neben einem verstärkten Bewusstsein für sein Verhalten auch handfeste Trainingstechniken wie die Kräftigung oder das Dehnen außerhalb des eigentlichen Lauftrainings zu üben, wenn gerade Zeit ist oder wenn die Motivation stimmt. Einige der Übungen im Anhang (siehe Kapitel »Die wichtigsten Übungen für Läufer«) sind für den Alltag geeignet und lassen sich selbst in einen Bürotag integrieren. Ich trainiere Marathonläufer, die ihr Mobilisierungsprogramm beispielsweise auf der Toilette machen. Das ist clever, denn nach Feierabend kommen sie oft nicht mehr dazu. Nehmen Sie sich täglich ein bis zwei Übungen vor. Vielleicht können Sie sogar Ihre Kollegen ermuntern, ein bisschen mitzuüben. Die Übungen sind auch für Nicht-Läufer gut, um Muskelverspannungen am Schreibtisch zu reduzieren.

Selbst auf dem Weg zum Konferenztisch kann man trainieren. Allerdings sollten Sie sich über erstaunte Blicke von Kollegen nicht wundern.

Hilfe bei Schmerzen

Bei aller Vorsicht und technischen Verbesserung, keiner, der leistungsorientiert trainiert, bleibt von Verletzungen verschont. Im Folgenden sind einige typische Beschwerden aufgeführt, die Sie mit einer besseren Technik wirksam bekämpfen oder verhindern.

Ein guter Grund,
Dinge zu verändern

Falls Sie gerade von einem akuten Schmerz geplagt werden und das Buch gleich an dieser Stelle aufschlagen, möchte ich Sie dennoch bitten, vorn zu beginnen, da Ihnen sonst die Grundlagen fehlen. Auch gibt es keine Zauberformeln gegen Überlastungserscheinungen, außer: Überlasten Sie sich nicht, belasten Sie sich richtig!

Es hat sich in unserer Gesellschaft leider durchgesetzt, bei Schwierigkeiten einen Spezialisten aufzusuchen, der nach einer Diagnose das rich-

Beweglich werden und der Körper kommt buchstäblich später an seine Grenzen.

tige Mittel verschreibt. Ein äußerst schwacher Ansatz, wenn man bedenkt, dass die Mehrzahl der orthopädischen Probleme von Läufern auf bewegungstechnische Defizite zurückzuführen sind. Nur Symptome zu behandeln wirkt da eher hilflos. Außerdem haben Sie das Potenzial, der beste Spezialist für sich selbst zu werden. Niemand kommt so nah an Sie heran wie Sie selbst.

Wenn wir uns um einige typische Läuferverletzungen kümmern, sind das Hinweise auf Verhaltensänderungen, die sich auf das stützen, was ich Ihnen in diesem Buch schon nähergebracht habe. Für all diese gibt es keine isolierte und einfache Lösung. Unser Körper ist ein komplexes System, das bei Fehlfunktion oder Überbelastung an der schwächsten Stelle streikt. Langfristig gesehen macht es Sinn, der Kette zu folgen, die zur jeweiligen Verletzung geführt hat und am Anfang der Kette mit einer kleinen Veränderung anzusetzen. Dabei ist zu beachten, dass wir unserem Gefühl für »normal und bequem« in Situationen, in denen das System aus dem Gleichgewicht ist, nicht trauen können. Anders ausgedrückt: Das objektiv richtige Verhalten fühlt sich zunächst komisch an. Deshalb sträuben sich viele vor Veränderung. Ein Glück, dass Sie anders sind. Hier möchte ich betonen, dass Ihr Körper nicht von heute auf morgen mit radikalen Veränderungen umgehen kann.

Achillessehne

Glauben Sie mir, ich kann mich in Ihre Situation hineinversetzen, wenn Sie Schmerzen an den Achillessehnen haben. Eine ärgerliche Sache! Ich rate Ihnen, begeben Sie sich rechtzeitig in ärztliche Behandlung. Bei Beschwerden an der Achillessehne ist allerdings nicht immer die Sehne selbst betroffen, zumindest nicht zu Beginn. Oft ist auch die Sehnenscheide der Auslöser für Schmerzen, oder der eigentliche Grund liegt bei den Nerven. Dann ist die Ursache im Beckenbereich zu suchen.

Folgende Gedanken sollen Ihnen bei einer Selbstanalyse helfen, um herauszufinden, was Sie selbst tun können, oder um dem Arzt zumindest einen konkreten Anhaltspunkt zu liefern.

Lösungsansatz Fuß

Über den Fuß haben wir im Kapitel »Fuß« gesprochen. Er ist durch große Beweglichkeit gekennzeichnet; ist diese eingeschränkt, müssen angrenzende Strukturen seine Defizite ausgleichen und sind potenziell überfordert. Oft trifft es daher die Achillessehne. Wenn sich der Rückfuß nicht sauber zum Vorfuß verdrehen kann, führt das zwangsläufig zu einer ungünstigen Belastung für die Achillessehne. Sie funktioniert hervorragend, so lange sie längs belastet wird, Querbelastungen steckt sie, wie die meisten Strukturen unseres Körpers, schlecht weg. Die darauf folgende Entzündung ist lediglich ein Signal, die Belastung zu ändern oder abzustel-

Auch die Achillessehne will gedehnt sein, nicht anstrengend, aber sehr effektiv. Wenn Sie zudem wissen, wie Ihre Wadenmuskeln aussehen, können Sie beim Dehnen gezielt ansetzen.

len. Sie können Ihrer Sehne so gesehen sogar dankbar sein.

Was ist also zu tun? Verbessern Sie die Beweglichkeit Ihres Fußes und kräftigen Sie seine Muskeln. Barfuß gehen, Füße drehen, kreisen, auf und ab bewegen, mit den Zehen greifen, auf einem Bein balancieren, flache Schuhe tragen, die Fußgewölbe aktiv aufrichten – das fördert die Aktivität!

Wadendehnung

1 Stellen Sie Ihren Fuß nahe an eine Wand oder eine Treppenstufe und gehen Sie nun mit Ihrem Körper nach vorne, bis es im unteren Wadenbereich zieht.

2 Alternative:
Strecken Sie das hintere Bein durch, lassen Sie den Fuß am Boden und kippen Sie Ihren Körper nach vorne, bis es im oberen Wadenbereich zieht.

3 Wenn Sie jetzt das Knie leicht anwinkeln, wandert die Spannung nach unten in Richtung Achillessehne.

Lösungsansatz Becken

Hier verweise ich Sie auf das Kapitel »Becken«, um Sie daran zu erinnern, wie bedeutsam unser Kraftzentrum ist. »Was hat das Becken mit meiner Achillessehne zu tun?«, fragen Sie sich? Folgen wir einer möglichen Verkettung: Sie knicken bei jedem Schritt etwas ein, Ihr Becken kippt zur Seite. Das Gleichgewicht Ihrer Oberschenkelmuskulatur ist gestört, Nerven womöglich überreizt. Die Fehlbelastung setzt sich nach unten fort.

Der Leidtragende ist zufällig Ihre Achillessehne, denn mit Ihrem Fuß ist die Kette zu Ende und Ihr Körper trifft auf die harte Realität des Bodens, der sich auf Ihre spezielle Situation frecherweise nicht eingestellt hat.

Lösungsansatz Laufzyklus

Bringen wir die beiden ersten Ansätze zusammen, dann sollte durch eine Verbesserung der Lauftechnik auch die Achillessehne aufatmen. Achten Sie zunächst auf Ihren Fußaufsatz. Kippen Sie nach innen oder außen? Treffen Sie den Boden mittig und bleibt er auch in der Flugphase in der Position? Es ist in etwa so, als stünden Sie auf einem Crosstrainer mit dem Fuß auf einer ebenen Fläche, die nur nach vorne und hinten beweglich ist, nicht seitlich. Üben Sie, Ihre Beine und Füße so durch den freien Raum zu bewegen. Versuchen Sie auch, Ihren Körperschwerpunkt Stück für Stück zu heben.

Unterer Rücken

Ein Dauerproblem ist für viele der untere Rücken. Die Lösung ist einfach: bessere

Stabilität im richtigen Moment, mehr Beweglichkeit im nächsten Augenblick. Ich erinnere an das Kapitel »Schritt für Schritt besser laufen«.

Durch Einschränkungen in der Beweglichkeit kommt es regelmäßig zu ungünstigen Belastungen für Muskeln im Rumpfbereich. Verspannte Muskeln drücken auf Nerven oder andere Strukturen und verursachen Schmerz. Die Ursache ist im Grunde mangelnde Bewegung von Gelenken im Wechsel mit adäquater Muskelbelastung. An dieser Stelle hilft Training im Sinn von Mobilisierung und Kräftigung. Eine Mobilisierungsübung ist auf den Seiten 78/79 abgebildet.

Allerdings nützen selbst die am besten mobilisierten Gelenke und die stärksten Muskeln nichts, solange Sie nicht während des Laufens, aber auch während der alltäglichen Belastungen, ein Gleichgewicht herstellen. Auch für den unteren Rücken spielt also Ihre Bewegungstechnik, Ihr Verhalten, eine entscheidende Rolle. Vermeiden Sie deshalb lang anhaltende gleichbleibende Belastungen wie das Sitzen oder Stehen. Verharren Sie nie lange in ein und derselben Position. Spielen Sie die verschiedenen Bewegungsrichtungen des Beckens regelmäßig durch. Wenn Sie Übungen machen, insbesondere in Bezug auf Ihre Aufrichtung (Vor- und Zurückkippung), gehen Sie an die Grenzen Ihrer Beweglichkeit, wenn Ihr Arzt es Ihnen nicht verbietet. Vergessen Sie nicht, Ihre vorderen und seitlichen Bauchmuskeln in Form zu halten. Geeignete Übungen finden Sie im Anhang (siehe Kapitel »Die wichtigsten Übungen für Läufer«).

Beckenmobilisierung

1 Beginnen Sie in neutraler Position. Stehen Sie leicht gebeugt. Vielleicht hilft es Ihnen, sich im Spiegel zu betrachten.

2 Nehmen Sie Ihr Becken zur Unterstützung in beide Hände und kippen Sie es vorsichtig nach vorne.

3 Bewegen Sie Ihr Becken nun über die Neutralstellung hinaus nach hinten, bis ein leichtes Hohlkreuz entsteht.

4 Bleiben Sie in den Beinen leicht gebeugt und achten Sie darauf, wie Ihre Beinmuskeln auf Vorder- und Rückseite arbeiten, wie sie am Becken ansetzen etc.

5 Das geht noch nicht perfekt und »geschmeidig«?

6 Üben Sie weiter!«

Für Fortgeschrittene

1 Gehen Sie in eine leichte Schrittstellung, ohne das Becken zu verdrehen und wiederholen Sie die Übung auf diese Art und Weise.

2 Heben Sie ein Bein nach oben an, halten Sie Ihr Becken neutral und starten Sie dann mit der Bewegung.

MEIN RAT

Nehmen Sie sich des Themas Becken-boden an. Dazu mehr im nachfolgenden Kapitel »Iliotibialband« (Seite 81).

Mehr Spielraum fürs Becken und weniger Druck auf der Kniescheibe.

Kniescheibe

Eine der häufigsten Kniegelenkbeschwerden betrifft die Kniescheibe. Sie ist mit einem Gelenkknorpel ausgestattet, der bei Über-belastung zur Entzündung neigt. Wenn Sie das Buch aufmerksam gelesen haben, können Sie die Frage vielleicht schon selbst beant-worten: Wie reduziere ich die Belastung meiner Kniescheiben? Es gibt eine Belastungs-richtung, für die sie gemacht sind, und es gibt eine Belastungsstärke, der sie widerstehen können. Erinnern Sie sich an unsere Gedanken über die Beinachse in Kapitel »Knie«? (siehe Seite 51).

Sehr verbreitet unter Läufern ist das sog. Patellaspitzensyndrom. Die Patellasehne ver-bindet das Knie mit dem Schienbein. Die Aufgabe der Patellasehne ist es, für die Kraft-übertragung zwischen Oberschenkel und Unter-schenkel zu sorgen. Bei ständiger Überlastung oder Fehlbelastung kann es zu einer Reizung oder Entzündung der Patellasehne kommen, die äußerst schmerzhaft und langwierig sein kann.

Neben einer gut ausgerichteten Beinachse kann das Knie durch einfach Übungen entlastet werden: Dehnen Sie zum Beispiel den Hüft-beuger regelmäßig, kräftigen Sie Ihre Muskula-tur, damit die Belastung auf das Knie reduziert werden kann und vor allem, nehmen Sie erste Symptome ernst und reduzieren Sie den Um-fang, um die Reizung auszuheilen, bevor es zu einer richtigen Entzündung kommt. (Sie können bei Bunz Sportcoaching gerne ein Heft mit Läuferübungen anfordern.)

Der Einfluss der Beinachse

Eine gerade Beinachse sorgt für eine flächige Pressung der Kniescheibe auf das Gelenk. Eine krumme, sich verdrehende Beinachse sorgt für punktuelle Überbelastungen. Genauso ist es während der Flugphase: Eine Verdrehung des Unterschenkels zum Oberschenkel oder eine krumme Flugphase des Fußes, bei der er sich seitlich von der Mittellinie des Beins wegbewegt, führt gerade dann, wenn sich das Bein stark anwinkelt, zu Fehlbelastungen. Sie können diese vermeiden, wenn Sie bewusst an dem Ziel arbeiten, Ihren Bewegungsablauf zu verbessern. Auch hier ist eine entsprechende Muskelbalance, trainierbar durch entsprechendes Ausgleichstraining, eine hilfreiche Voraussetzung.

Der Einfluss des Landewinkels

Wir kommen zurück zum Einbeinstand und dem Winkel, in dem Sie landen sollten. Es geht um den Winkel von der Seite aus gesehen. Fassen Sie sich noch einmal an Ihr Knie. Haben Sie aus dem Kapitel »Knie« gelernt? Nehmen Sie beim Landen die Mitte Ihres Knies wahr. Das hat deshalb einen entlastenden Einfluss auf Ihre Kniescheibe, weil sich Ihr Knie nun auch über Muskeln an der Beinrückseite stabilisiert. Damit kann die Spannung auf die Kniescheibe reduziert werden. Trainieren Sie außerdem die Muskeln auf der Rückseite Ihres Beins inklusive Fußmuskeln.

Der Einfluss der Muskelspannung

Probleme im Kniegelenk haben nicht nur Läufer, sondern auch Autofahrer und Menschen, die viel sitzen. Was ist der Grund? Sie halten unbewusst permanent eine hohe

MEIN RAT

Lassen Sie die Beine oft relativ gestreckt und lassen Sie sie locker.

Muskelspannung aufrecht oder winkeln Ihre Knie über einen langen Zeitraum stark an.

Iliotibialband

Tractus-Syndrom! Es ist egal, ob Sie die Beschwerden auf Knie- oder Hüfthöhe haben, in jedem Fall sind sie unerträglich und zwingen selbst den schmerztolerantesten Haudegen zur Laufpause. Die ist auch dringend nötig, wenn eine Entzündung vorliegt. Ich plädiere generell immer dafür, genügend Zeit zur Genesung einzuplanen und nicht trotz der Schmerzen zu trainieren.

Es ist nun eine sehr komplexe Aufgabe, eine geschriebene Anleitung zur Vorbeugung und Behandlung von Tractus-Problemen zu verfassen. Ich berichte lediglich von meiner Erfahrung. In wenigen Worten: Lernen Sie, so zu laufen, wie Sie es hier gelernt haben. Mit mehr Worten: Tractus-Probleme entstehen aufgrund von Spannungen an den Außenseiten des Körpers.

Ein zentrales Hilfsmittel ist demnach, die innenseitigen Muskeln zu stärken und zu benutzen, um die Außenseite zu entlasten. Der Ausgangspunkt dafür ist unser Kraftzentrum, der Rumpf, insbesondere die tief innen liegende Muskulatur, vor allem der Beckenboden.

Spannung herausnehmen – Dehnung der rückseitigen Oberschenkelmuskulatur

Wenn Sie bislang gedacht haben, mit dem Beckenboden hätten nur Frauen nach der Geburt eines Kindes zu tun, dann irren Sie sich. Der Beckenboden ist der bindegewebig-muskuläre Boden der Beckenhöhle des Menschen, also bei Frauen und Männern vorhanden. Ein gut trainierter Beckenboden hilft nicht nur beim Laufen, sondern schützt Sie vor Inkontinenz und erektilen Störungen. Übungen für den Beckenboden finden Sie in vielen Zeitschriften und Büchern. Eine Übung, die ich sehr hilfreich finde, möchte ich Ihnen kurz vorstellen.

Kurzanleitung Beckenboden

Machen Sie folgende Übung: Stellen Sie sich aufrecht hin, Becken in neutraler Position. Nehmen sie nun gedanklich einen Handball zwischen die Knie und führen Sie ihn nach oben in Ihren Körper hinein bis zum Bauchnabel. Dabei wird der Ball immer kleiner. Halten Sie kurz zwischen den Pobacken inne und fixieren Sie den Ball. Spüren Sie nach, wie sich diese Übung auf Ihre beininnenliegende Muskulatur auswirkt. Versuchen Sie, ein bisschen von diesem Gefühl in Ihren Lauf zu integrieren.

Lösungsansatz Becken

Auch in Bezug auf die Tractus-Problematik ist auf eine horizontale Beckenposition (Seitwärtskippung) zu achten. Nach der Übung von eben stellen Sie sicher fest, dass Ihre Beckenbodenmuskeln dabei zentral gefordert sind. Natürlich ist es außerdem hilfreich, das Becken beweglich und muskulär gut balanciert zu halten. Ich empfehle Dehnungen und Kräftigungen der Gluteus-, Rumpf- und Hüftbeugermuskulatur (siehe Kapitel »Die wichtigsten Übungen für Läufer«).

Ischios

1 Stehen Sie aufrecht in abgebildeter Position, Fußspitzen zeigen nach oben.

2 Beugen Sie Ihren aufrechten (!) Oberkörper leicht nach vorne. Wichtig: Die Beckenseiten verdrehen sich nicht.

3 Wenn Sie die Fußspitze wie abgebildet zum Körper ziehen, spüren Sie die Dehnung näher an der Knierückseite.

4 Kippen Sie den Fuß zur Abwechslung nach vorne. Die Spannung wandert nun weiter nach oben in den Oberschenkel.

5 Spreizen Sie einmal etwas die Beine und verändern die Zugrichtung.

Dehnen Sie Ihre Muskeln immer in verschieden Varianten, verändern Sie die Spannung also geringfügig. So verhindern Sie, dass Sie sich nur einseitig verbessern. Bedenken Sie, dass Muskeln vielschichtig sind und neben- und übereinander liegen. Ihre Dehnübungen sollten das widerspiegeln.

Projekt Laufen

Ausdauer, Geduld, Konzentration – der Anspruch ist hoch. Aber seien Sie ehrlich, möchten Sie es anders? Machen wir uns auf den Weg zum perfekten Läufer.

Ihr Erfolg

Wie geht es Ihnen mit dieser Art zu laufen? Empfinden Sie sie als neu oder können Sie sie leicht in Ihren gewohnten Stil integrieren? Wahrscheinlich stellen Sie fest, dass Sie Zeit zur Umsetzung brauchen. Viele empfinden es als

Laufen ist keine Wissenschaft, sondern unser Leben.

befreiend, so zu laufen. Allerdings halten Sie dabei nicht lange durch, weil Sie muskulär zu stark beansprucht sind. Deshalb fallen sie in ihren gewohnten Stil zurück. Wenn das bei Ihnen so ist, seien Sie zuversichtlich. Sie sind genau richtig. An dem Punkt, wo es anstrengend wird, fordern Sie Ihren Körper zur Anpassung. Das wird sich auszahlen. Bleiben Sie am Ball und Sie werden bald Erfolge feiern.

Meine Erfahrungen

Lassen Sie mich Ihnen abschließend von meinen Erfahrungen berichten. Wie viele andere begann ich als Jugendlicher zu laufen. Mein einziger Ehrgeiz über Jahre war es, schneller und weiter zu laufen. Genau so habe ich auch trainiert – viele Kilometer, viele harte Belastungen, viele Wettkämpfe. Zahlreiche Verletzungen, Arztbesuche, Physiotherapiestunden und frustrierende Trainingspausen später stand die Erkenntnis, dass der Schlüssel zur maximalen Leistungssteigerung darin besteht, verletzungsfrei und damit regelmäßig zu trainieren. Hier musste ich meine Einstellung ändern und aufhören, mich mit anderen Sportlern und ihrer Belastbarkeit zu vergleichen. Qualität im Training gewann bei mir immer mehr an Bedeutung, Umfänge traten in den Hintergrund. Trainings finden bei mir seitdem ausschließlich dann statt, wenn ich mich leistungsbereit fühle und sicher bin, dass das Training seinen Zweck erfüllt. Kein Training ohne Zweck – das könnte man als mein neues Motto bezeichnen.

Ich trainiere nur noch »gscheit«. Wenn mein Körper Müdigkeit signalisiert, wird das Training ersatzlos gestrichen, fühle ich mich stark, setze ich 100 Prozent meiner Kraft ein.

Qualität des Techniktrainings

Ein Teil der gesteigerten Qualität meines Trainings war es, meine technischen Fähigkeiten zu verbessern. Nein, ich habe nicht mehr Zeit mit dem Lauf-Abc verbracht. Im Gegenteil, ich habe den Alltag und mein ganz natürliches Verhalten als neues Trainingsrevier entdeckt. Seitdem gehe ich aufrechter, bewege mich dynamischer und nehme mich ganz anders wahr. Stück für Stück entstand so eine Systematik, die ich auch auf andere übertrug. Mit Erfolg! Weniger Verletzungen, bessere Leistungen und mehr Spaß erlebe ich bei allen Sportlern, die ich betreue. Der Biss hat die Verbissenheit ersetzt, die Entspannung die Verkrampfung, Zufriedenheit die Selbstkritik.

Die richtige Entscheidung

Auch wenn ich mich wiederhole, folgende Lehre habe ich aus meiner Entwicklung gezogen: Nichts passiert durch Zufall. Wenn Sie schneller, dynamischer, perfekter laufen wollen, müssen Sie das »einfach« tun. Sie müssen sich dafür entscheiden, es zu tun. Diese Entscheidung betrifft jede Minute, jeden Inhalt und, wenn es um Ihre Bestleistung geht, jeden Schritt Ihres Laufens. Umgekehrt ist die Frage – wenn sich Ihr Körper schier dagegen wehrt, die gewünschte Leistung zu bringen: Will ich das wirklich?

Bewusstsein

Ein weiterer wichtiger Faktor, den ich mehrfach angesprochen habe, ist, ein starkes Bewusstsein für das zu entwickeln, was Sie tun. Wie geht es mir beim Laufen? Wie belastbar bin ich heute? Habe ich Spaß? Welches Training entfaltet heute seine beste Wirkung? Ist es vielleicht sogar die Pause? Andere Fragen: Fühle ich mich symmetrisch? Sind meine Schrittlängen links und rechts gleich groß? Belaste ich links und rechts gleich? Was machen meine Zehen, meine Knie, mein Becken, mein Kiefer, meine Schultern? Wie sieht es mit der Atmung aus? Das ist nur eine Auswahl von Fragen, die das Leben füllende Potenzial des Lauftrainings andeuten. Es gibt viel zu entdecken.

Ziel

Was wollen Sie wirklich? Ohne zu psychologisch zu werden, wenn Sie einem nicht formulierten, oft viel zu hoch gesteckten Ziel hinterherlaufen, werden Sie es nicht erreichen. Das ist sicher nicht der Schlüssel zum Glück. Die meisten von uns werden nicht Weltmeister. Es wird immer jemanden geben, der schneller ist, weniger belastet scheint und dabei auch noch viel weniger trainiert. Seien Sie dankbar für das Talent, das Sie haben. Machen Sie das Beste in diesem Rahmen und klopfen Sie sich auf die Schulter, wenn Sie nach diesem Maßstab erfolgreich sind. Vielleicht waren Sie in einem Wettkampf ja nicht der Schnellste, hatten aber die beste Atmung, den schönsten Fußaufsatz und den effektivsten Abdruck. B-Noten werden beim Laufen leider nicht verteilt. Dann tun Sie das eben selber.

Geduld

Wie lange dauert das Projekt Laufen? Sie er-
ahnen es – solange Sie sich auf Ihren Beinen
bewegen. Ich selbst habe etwa drei Jahre ge-
braucht, um annähernd mit meiner Technik
zufrieden zu sein. Und der Prozess dauert an.
Mit Anleitung geht es erfahrungsgemäß schneller. Manche waren innerhalb von drei Monaten
so weit, andere haben fast ein ganzes Jahr ge-
braucht. Ich gebe Ihnen diese Informationen,
damit Sie sich orientieren können. Ein Vergleich
ist, wie gesagt, unangebracht, da Sie einzigartig
sind und es verdienen, sich in Ihrem eigenen
Tempo zu entwickeln. Dass das nicht immer

Laufen ist Ihre Sache. Jeder Vergleich mit anderen
hinkt.

leicht zu erspüren und zu akzeptieren ist, ist fast
schon selbstverständlich. Wir laufen ja doch alle,
um schnell voran zu kommen, viele auch, um
schneller als andere zu sein. Da die Bremse
anzuziehen und sich darauf zu verlassen, dass
nun mal alles seine Zeit braucht, ist gerade von
Läufern nur schwer zu akzeptieren. Haben Sie
diese Wertschätzung für sich?

Was ist Erfolg?

Erfolg bedeutet für mich, gleichzeitig gesund
und schnell zu laufen. Es heißt auch, mit mehr
von der eben beschriebenen Qualität zu trainieren, weil so der Körper optimal und umfassend
aufgebaut wird. Ich will außerdem mit meinem
Körper zusammen arbeiten. Meine Lauftechnik
hilft mir, zwischen mir und meinen Zielen und
meinem Körper und seinen Zielen keinen Un-
terschied zu machen. Viel zu viele Läufer
arbeiten gegen ihren Körper. Tun Sie das nicht!
Denn ihr Körper – das sind Sie! In diesem Buch
habe ich Ihnen Möglichkeiten aufgezeigt, wie
Sie sich so belasten, dass es leichter wird,
Leistung zu bringen. »Leicht«, wie wir gesehen
haben, hat in diesem Fall nichts mit Passivität
zu tun – ganz im Gegenteil. Nutzen Sie die
aktiven Strukturen Ihres Körpers. Setzen Sie das
Gelernte in kleinen Schritten um und freuen
Sie sich über jeden Fortschritt.

Der einzige Maßstab, der für Sie gelten sollten,
sind Sie selbst. Verzichten Sie darauf, sich
ständig mit anderen zu vergleichen, sondern
arbeiten Sie an dem Ziel, das Sie sich gesetzt
haben. Ich wünsche Ihnen viel Spaß beim
aktiven und bald perfekten Laufen.

Videosequenzen

Auf http://www.blv.de können Sie Wolfgang Bunz live beim Laufen zusehen. Die Sequenzen sollen Ihnen das Verständnis einer optimalen Lauftechnik anschaulich machen. Nicht alle Inhalte des Buchen werden berührt, aber Sie erhalten so die Möglichkeit, das Gelesene in der praktichen Umsetzung zu beobachten. Einige Sequenzen sind im Interviewstil verfasst, so dass Sie Wolgang Bunz, seine Philosophie, Erfahrung und Begeisterung direkt miterleben können.

Inhalte der Videos

Sequenz 1: Interview mit Wolfgang Bunz

In diesem Video können Sie Wolfgang Bunz sozusagen direkt befragen. Sie erfahren mehr über die Entwicklung seiner Lehrmethode, können wahrnehmen, wie er das Thema Laufen lebt, was ihn motiviert und worauf er beim Laufen Wert legt. Sehen Sie, wie unser Autor zu Themen wie Vorfußstil, Belastungsgrenze und Leistung im Allgemeinen steht.

Sequenz 2: Lauftechnik im Schnelldurchgang

Sie können sich diese Sequenz wie eine Kurzwiederholung der Buchinhalte vorstellen. Es wird anschaulich, wie flüssig und »rund« sich die Kapitel des Buches in der Praxis darstellen. Sehen Sie sich das Video mehrmals an, wenn Sie lernen wollen, wie sich eine gute Lauftechnik anfühlt.

Sequenz 3: Athletik und Kraft für den schnellen Läufer

Hier stellt Wolfgang Bunz wichtige Basiselemente eines kompletten Lauftrainings zusammen, demonstriert, wie eine technisch saubere Ausführung aussieht und erklärt, was dabei jeweils mit dem Körper geschieht. Es lohnt sich, dieses Video anzusehen, um Ihre eigene Ausführung mit dem Soll abzugleichen. So verbessern Sie sich schnell, weil Sie sehen, wo das Ziel liegt.

Sequenz 4: Laufen & Verletzung – Wie gehe ich damit um?

Verletzungen sind ein Dauerthema im Laufsport. Wie das Buch auch, ist diese Videosequenz kein allgemeingültiger Leitfaden, um Verletzungen zu behandeln, aber sicher ein guter Ansatz, um sie in Zukunft zu vermeiden. Lassen Sie sich am Beispiel der Achillessehne zeigen, was eine gute Technik zur Verbesserung beitragen kann.

Sequenz 5: Ein Tempolauf mit Wolfgang Bunz Parameter: Leichtes Gefälle, Geschwindigkeit ca. 19 km/h

Laufen Sie doch einmal mit Wolfgang Bunz – eine sichere und für die meisten seltene Möglichkeit, mit ihm Schritt zu halten. Eine Sequenz ohne Worte an der Grenze seiner Belastbarkeit.

Das Wichtigste auf einen Blick

Das Schwierige bei komplexen Bewegungen ist es ja, alle Erkenntnisse gleichzeitig umzusetzen. Und wer beim Laufen ist, hat sicher kein Buch zur Hand. Kleine Reminder, die man sich leicht merken kann, sind da sicher von Vorteil.

Kommandos zum Merken

Zum Abschluss stelle ich Ihnen eine Liste von Tipps in Form von Kommandos zusammen, die ich mir selbst und meinen Kunden wie ein Mantra immer wieder vorsage. So bleibt die Bewegung im Bewusstsein und die Konzentration auf hohem Niveau. Die Kommandos sind Ihr kleiner persönlicher Trainer und sollen als Erinnerungshilfe dienen.

In erster Linie macht Laufen Spaß.

Kommandos zum Merken

Kommando	Bedeutung	Laufzyklus	Kapitel
Fuß klein!	Ballen zur Ferse ziehen, Zehen aneinander drücken.	I, II	»Fuß«
Zehen zum Boden!	Nicht Ferse, nicht Ballen, sondern mit dem ganzen Fuß aufsetzen oder schnell die Zehen am Boden spüren.	I, II	»Fuß«
Kürzer!	Bodenkontakt verkürzen.	I, II	»Zum richtigen Zeitpunkt«, »Fuß«
Höher!	Körperschwerpunkt oben halten, nicht beim Landen einsinken.	alle	»Zum richtigen Zeitpunkt«, »Schritt für Schritt besser laufen«, »Besser nie landen!«
Kinn zur Brust!	Hinterkopf bleibt gestreckt und zieht die Wirbeläule lang.	alle	»In die richtige Richtung«
Hände locker!	Nacken, Arme, Hände entspannen.	alle	»Energie sparen«
Zähne fallen lassen!	Gesicht entspannen, Rachenraum locker lassen.	alle	»Energie sparen«
Hacke hoch!	Auf eine hohe Hacke achten.	III	»Schritt für Schritt besser laufen«, »Hacke«
Richtung!	Generell ein Hinweis darauf, keine Kraft zur Seite zu verschwenden.	alle	»In die richtige Richtung«
Kurze Schritte!	Schnell mit dem Fuß den Boden suchen und sich auf den Abdruck konzentrieren.	I	»In die richtige Richtung«, »Schritt für Schritt besser laufen«, »Fuß«

Kommandos zum Merken

Kommando	Bedeutung	Laufzyklus	Kapitel
Abdruuuuck!	Das Wichtigste ist der Abdruck. So geht es nach vorn.	II	»In die richtige Richtung«, »Fuß«
Schultern runter!	Enspannen, frei atmen, Arme locker bewegen, nicht verkrampfen.	alle	»Arme«, »Energie sparen«
Rund bleiben!	Bezieht sich auf das Rad, das Sie drehen, also hohe Hacke und hohes Knie.	I, III	»Schritt für Schritt besser laufen«, »Hacke«, »Knie«
Becken fliegt!	Die Körperhaltung bleibt aufrecht. Zwischen Oberkörper und gestrecktem Bein entsteht kein Winkel. Das Becken muss in die Linie zwischen Kopf und Fußaufsatz und fliegt nach dem Abdruck nach vorn.	II, III	»Becken«
Atmen!	Lunge maximal leeren und wieder füllen.	alle	»Energie sparen«, »Geschmeidige Muskeln«, »Bewegungsumfang«
Gscheit!	Steht bayrisch für sauber, richtig, korrekt. Was immer Sie machen, machen Sie keine halben Sachen.	alle	alle
Zack, zack!	Soll auf einen kurzen Bodenkontakt hinweisen.	II, III	»Zum richtigen Zeitpunkt«, »Fuß«, »Besser nie landen!«

Auf den vorangegangenen Seiten habe ich Ihnen zu verdeutlichen versucht, dass eine gute Lauf-Technik sehr viel mit Bewusstsein und bewussten Bewegungsabläufen zu tun hat.

Besonders anfangs müssen Sie für diese neuen Bewegungen ein hohes Maß an Konzentration aufbringen – die ersten Versuche all das, was Sie gelesen und gelernt haben umzusetzen, werden sicherlich nicht weiter als ein paar hundert Meter gehen und wenige Minuten dauern. Eine neue Lauftechnik zu trainieren ist ein bisschen so, als müssten Sie das Laufen völlig neu lernen. Seien Sie also nicht ungeduldig – als kleines Kind sind Sie auch nicht gleich aufgestanden und losgelaufen. Mit der Zeit ging es sehr viel besser und Sie mussten sich nirgends mehr festhalten – so wird es auch mit Ihrer Lauftechnik sein. Die Bewegungen werden

Ihnen in Fleisch und Blut übergehen und sich mit der Zeit ganz natürlich anfühlen.

Bis es aber soweit ist, können Ihnen die Kommandos dabei helfen, an alles Wichtige zu denken. Ideal ist es natürlich, einen eigenen Trainer zu haben, der Sie beim Laufen korrigiert und immer wieder daran erinnert, was Sie für einen flüssigen Bewegungsablauf tun müssen.

Wenn schon kein Trainer greifbar ist, so kann Sie vielleicht ein Freund oder eine Freundin auf dem Fahrrad begleiten und Sie mit den Kommandos unterstützen. Wenn Sie alleine laufen, müssen Sie Ihr eigener Trainer sein und sich selbst bei der Hand nehmen. Auch wenn es anfangs ein wenig ungewohnt ist, sich selbst Kommandos beim Laufen zu geben, so werden Sie bald feststellen, dass es tatsächlich funktioniert.

Die Kommandos helfen Ihnen, an Ihrer Lauftechnik zu feilen.

Die wichtigsten Übungen für Läufer

Jede Technikveränderung erfordert neue muskuläre Strukturen. Begleitendes Muskeltraining ist demnach dringend zu empfehlen. Die folgenden Basis-übungen für Läufer sind bei korrekter Ausführung gleichzeitig eine gute Gelegenheit, sich technisch zu verbessern.

Allgemeine Informationen

Lauftraining ist eine komplexe Angelegenheit, und es ist nicht damit getan, lediglich zu laufen. Dehnen, Kräftigen, Mobilisieren, das sind die zusätzlichen Elemente eines kompletten Trainings.

Dehnung

Dehnungsübungen tragen im Allgemeinen dazu bei, Muskulatur, die sich durch einseitige Be- und/oder Überlastung verkürzt und verspannt hat, zu lockern und zu entspannen. Der Muskel erlangt so wieder seine physiologische Länge, man fühlt sich entspannter und das Verletzungsrisiko wird minimiert. Führen Sie Dehnübungen immer mit Bedacht aus. Wenn Sie über die Schmerzgrenze hinaus dehnen, kann es zu Faserrissen an Muskeln, Bädern und Sehnen kommen.

Kräftigung

Kräftigungsübungen dienen zur allgemeinen Stärkung des Muskelapparates. Man bekommt eine bessere Haltung, die Verletzungsgefahr wird geringer, Verspannungen und Überlastungssyndrome können vermieden werden, da die Muskulatur belastbarer wird.

Mobilisierung

Das Zusammenspiel aller Muskeln und Gelenke miteinander, die sogenannte Muskelkoordina-tion, ist wichtig für einen physiologischen und funktionellen Bewegungsablauf. Voraussetzung hierfür ist eine ausreichende Beweglichkeit (Mobilität). Dadurch vermindert sich das Verletzungsrisiko und es verringern sich Überlastungssyndrome.

Übungsgeräte

Um die Übungen in diesem Kapitel durchführen zu können, brauchen Sie nicht mehr als eine Gymnastikmatte, ein Thera-Band und einen Stuhl. Besonders die Übungen im Stehen und Sitzen können Sie jederzeit auch in Ihren Büroalltag integrieren.

Übungsprogramme

Bei den einzelnen Übungen steht immer mit dabei, wo der Fokus der jeweiligen Übung liegt. Versuchen Sie immer, ein Übungsprogramm durchzuführen, bei dem Sie alle Bereich gleichermaßen trainieren. Tragen Sie in Ihren Trainingsplan einen festen Termin für Übungsprogramm ein. Nur so erreichen Sie ein gewisses Maß an Verbindlichkeit sich selbst gegenüber.

Übungen für Läufer

Es folgt eine Auswahl von Übungen, die für Läufer bedeutsam sind. Sie decken ein breites Band typischer Defizite ab.

Basis-Haltung

Definiert die aufrechte Haltung im Stand und Sitz

Brustbein etwas anheben, Schultern locker fallen lassen und leicht nach hinten und unten ziehen.

Bauchnabel etwas zur Wirbelsäule »ansaugen«, damit kein Hohlkreuz entsteht.

Kopf in Verlängerung der Wirbelsäule.

Die Basis-Haltung sind Sie absolut ausbalanciert, also gewissermaßen im Lot.

Gleichgewicht Vierfüßlerstand

Warum: Zur Schulung des Gleichgewichts in horizontaler Körperhaltung und Verbesserung der Wahrnehmung der Körperlängsachse.

Pro Seite 6–10-mal wiederholen.

1 Ausgangsstellung

Vierfüßlerstand, Blick nach unten.

2 Ausführung

Jeweils ein Bein und einen Arm diagonal bis zur Horizontalen anheben, kurz halten und zurück zur Ausgangsstellung. Blick bleibt nach unten gerichtet.

Steigerung

Um den Effekt zu vergrößern, wiederholt für kurze Zeit oder dauerhaft während der Übung die Augen schließen.

Wichtig

Bauchnabel zur Wirbelsäule ansaugen, um nicht ins Hohlkreuz zu fallen.

Achtung

Nicht bei akuten Kniegelenksbeschwerden!

Mobilisierung Brustwirbelsäule

Wann: Nach langem Stehen und Sitzen, allgemein bei Steifheitsgefühl im Bereich der Brustwirbelsäule.

Warum: Zur Verbesserung der Beweglichkeit in der Brustwirbelsäule.
Ca. 5 Atemzüge halten, dann Seitenwechsel.

1 Ausgangsstellung
Fersensitz, Knie und Füße etwa hüftbreit auseinander, Arme etwa schulterbreit weit nach vorne ausgestreckt.

2 Ausführung
Mit einem Arm gestreckt unter dem anderen nach vorne gestreckten Arm durchziehen. Dabei zeigt die Handfläche zum Boden. Das Gesäß wird nicht auf den Fersen abgesetzt.

Wichtig
Nicht die Schultern nach oben ziehen.

Achtung
Nicht nach Operationen und bei Schmerzen im Kniegelenk!

Mobilisierung Wirbelsäule

Wann: Bei fehlender Mobilität in der gesamten Wirbelsäule sowie fehlender Koordination, d.h. Schwierigkeiten, die einzelnen Wirbelsäulenabschnitte isoliert zu bewegen. Gut nach langem Stehen oder Sitzen.

Warum: Zur Verbesserung der Beweglichkeit in der Wirbelsäule, Verbesserung des Körpergefühls, Lösen von kleinen Gelenkblockaden und somit Verbesserung der Durchblutung in der gesamten Wirbelsäule.

10 bis 20 Wiederholungen.

1 Ausgangsstellung

Vierfüßlerstand, sodass die Knie senkrecht unter den Hüftgelenken und die Handgelenke senkrecht unter den Schultern stehen.

Fußspitzen am Boden aufstellen. Rücken gerade, Kopf in Verlängerung der Wirbelsäule.

2 Ausführung

Den Kopf langsam einrollen, das Kinn Richtung Brustbein ziehen und den Rücken nach oben drücken. So weit es geht »rund« machen.

Dann genau in die entgegengesetzte Richtung bewegen, d. h. Kopf in den Nacken nehmen und ins »Hohlkreuz« gehen, den Rücken und den Bauch »durchhängen« lassen.

Wichtig

Die Bewegungen langsam und kontrolliert ausführen und immer bis ans maximale Bewegungsende gehen.

Achtung

Bei Lendenwirbelsäulen-Problemen oder Bandscheibenschädigung diese Übung bitte zunächst mit einem Therapeuten besprechen und unter Anleitung ausführen!

Tipp fürs Büro

Die Übung kann auch auf einem Stuhl sitzend gemacht werden. Stützen Sie bei dieser Variante Ihre Hände einfach auf Ihren Knien ab und bewegen Sie Ihre Wirbelsäule wie oben beschrieben.

Mobilisierung Rumpf allgemein

Wann: Nach langem Stehen und Sitzen, bei allgemeinem Steifheitsgefühl im Oberkörper und Rumpf. Gut zur Vorbereitung für Sportarten wie Golf und Tennis.

Warum: Zur Verbesserung der allgemeinen Beweglichkeit im Rumpf, Dehnung der Gesäßmuskulatur und der seitlichen Rumpfmuskulatur.

Pro Seite 3 bis 4-mal 15 bis 20 Sekunden halten.

1 Ausgangsstellung

Rückenlage, Beine angestellt, Knie und Füße eng zusammen. Arme seitlich auf Schulterhöhe ausgebreitet, Handflächen zeigen nach oben, beide Schulterblätter liegen am Boden auf.

2 Ausführung

Beide Knie langsam zu einer Seite absinken lassen, dabei bleiben die Knie eng zusammen und die Schulterblätter am Boden liegen. Der Kopf bleibt gerade oder kann vorsichtig zur Gegenseite gedreht werden.

Wichtig

Die Knie nur so weit zum Boden führen, wie beide Schulterblätter noch am Boden liegen bleiben können. Schultern nicht hochziehen.

Achtung

Nicht bei Bandscheibenvorfällen in der Lendenwirbelsäule!

MEIN RAT

Lassen Sie es im Alltag nicht so weit kommen, dass Sie sich steif und unbeweglich fühlen. Gerade Menschen, die stehende oder sitzende Tätigkeiten ausüben, sind sehr oft betroffen von von Verspannungen. Steuern Sie gleich gegen, wenn Sie merken, dass die Spannung steigt. Spezielle Übungen für's Büro können Sie bei Bunz Sportcoaching kostenlos anfordern.

Kräftigung
Seitliche Rumpfmuskulatur &
schräge Bauchmuskulatur

Wann: Allgemeine Kräftigung der Rumpfmuskulatur, besonders gut bei Lendenwirbelsäulen-Beschwerden (VORSICHT: gestreckte Ausführungen u. U. nur unter Anleitung), gut bei allen Schlag- und Wurfsportarten, wo eine gute Kontrolle der Rumpfmuskulatur Voraussetzung ist.

Anfänger: Variante 4 pro Seite 3-mal 10 bis 20 Sekunden halten.

Fortgeschrittene: Ausführungen 1 bis 3 pro Seite 3–4-mal 15 bis 20 Sekunden halten.

1 Ausgangsstellung
Seitlage, Ellenbogen unter dem Schultergelenk, Beine gestreckt, Körper bildet eine Linie.

Ausführungen

Mit der freien Hand hochdrücken. Kopf schaut nach vorne, Hand zur Unterstützung am Boden lassen.

2 Freie Hand in der Taille abstützen.

3 Freie Hand nach oben zur Decke strecken.

Zusätzlich das obere Bein gestreckt anheben.

4 Variante zur Vereinfachung

Gleiche Übung mit angewinkelten Knien, sodass diese am Boden aufliegen. Dabei bilden Oberkörper und Oberschenkel eine Linie, die Unterschenkel zeigen nach hinten.

Kräftigung
Gesäß, Hüftextensoren & -abduktoren mit Elastikband

Wann: Allgemeine Kräftigung der Hüft- und Gesäßmuskulatur, besonders gut bei Lendenwirbelsäulen-Beschwerden, gut bei allen Schlag- und Wurfsportarten, wo eine gute Kontrolle der Rumpfmuskulatur Voraussetzung ist.

Sehr gut für Langstreckenläufer.

Pro Seite 3-mal 10 bis 20 Wiederholungen.

1 Ausgangsstellung

Aufrechter Stand, beide Füße parallel, Bauch- und Pomuskulatur angespannt.

Brustbein anheben, Schultern zurück, beide Hände am Beckenkamm.

2 Ausführung

Gewicht auf ein Bein verlagern (Standbein leicht gebeugt).

Das andere Bein nun gestreckt abspreizen, dabei bleibt der Oberkörper gerade.

3 Varianten

Das gestreckte Bein in unterschiedlichen Winkeln vor oder hinter dem Körper abspreizen.

4 + 5 Übung mit Theraband ausführen.

Achtung

Auf eine aufrechte Haltung achten und nicht das Becken aufdrehen!

Fußspitzen zeigen immer parallel nach vorne.

Kräftigung
Rückenstrecker im Stehen

Wann: Allgemeine Kräftigung der gesamten Rückenmuskulatur, verbessert Aufrichtung, Körperbalance und die Atmung.

3–6-mal ca. 10 bis 20 Sekunden halten.

Ausgangsstellung & Ausführung

Aufrechter Stand. Arme nach oben strecken, dabei zeigen die Daumen nach hinten. Schultern nicht hochziehen. Brustbein ist angehoben.

Nun das Gesäß nach hinten schieben, als würde man sich auf einen Stuhl setzen. Nur so tief gehen, wie der Oberkörper aufrecht gehalten werden kann.

Varianten

Füße mehr oder weniger weit entfernt aufsetzen.

Wichtig

Knie nicht über die Fußspitzen nach vorne schieben. Kopf steht in Verlängerung der Halswirbelsäule, Blick folgt der Nasenspitze.

Kräftigung Oberschenkel & Gesäß

Wann: Allgemeine Kräftigung der oberen Bein- und Gesäßmuskulatur, besonders gut bei Lendenwirbelsäulen-Beschwerden, gut bei allen Schlag- und Wurfsportarten, wo eine gute Kontrolle der Rumpfmuskulatur Voraussetzung ist.

Außerdem auch gut geeignet nach Verletzungen im Knie- oder im Sprunggelenk zur Kräftigung der extensorischen Beinkette, besonders wichtig für Läufer.

Pro Seite 3-mal 10 bis 20 Wiederholungen.

1 Ausgangsstellung
Große Schrittstellung.

Beide Fußspitzen zeigen gerade nach vorne, sodass das Becken parallel steht.

Das vordere Knie ist gebeugt, das hintere gestreckt, die Fußspitze steht auf.

Aufrechter Oberkörper, Bauchnabel zur Wirbelsäule »ansaugen«.

2 Ausführung
Das hintere Knie Richtung Boden beugen (»Kniefall«). Dabei das Gewicht nicht nach vorne, sondern nach unten verlagern.

Achtung
Das vordere Knie nicht über die Fußspitze hinausschieben!

Die Übung langsam ausführen.

Kräftigung Wadenmuskulatur im Stand

Wann: Gut für Langstreckenläufe, Radfahren und Schwimmen. Zur Vorbeugung von Achillessehnenbeschwerden.
Pro Seite 3-mal 10 bis 20 Wiederholungen.

1 Ausgangsstellung

Beidbeiniger Stand, Füße parallel, Füße und Knie eng zusammen.

Beide Hände locker an einer Wand o. Ä. anlegen, aufrechter Oberkörper.

2 Ausführung

Körper bis auf die Fußspitzen anheben, die Fersen vom Boden lösen, langsam wieder absenken, aber nicht ganz bis zum Boden. Die Knie bleiben gestreckt.

3 + 4 Steigerung

Die gleiche Übung im Einbeinstand. Das Knie des anderen Beines vorne anheben, sodass Knie- und Hüftgelenk auf einer Linie sind.

Wichtig

Körper kontrolliert, aber maximal anheben.

Achtung

Langsam ausführen und zunächst beidbeinig beginnen!

Nicht bei akuten Achillessehnenbeschwerden!

MEIN RAT

Vergessen Sie nicht, Ihre Fußmuskeln zu beanspruchen. Waden-, Schienbein- und Fußmuskeln gehören zusammen. Füße-Kreisen, mit den Zehen greifen – das gehört zum Alltagsprogramm.

Kräftigung Vorderer Oberschenkel am Boden

Wann: Allgemeine Kräftigung der vorderen Oberschenkelmuskulatur, besonders gut bei Lendenwirbelsäulen-Beschwerden, gut bei allen Schlag- und Wurfsportarten, wo eine gute Kontrolle der Rumpfmuskulatur Voraussetzung ist.

Auch gut nach Verletzungen im Kniegelenk zur Kräftigung der extensorischen Beinkette, wichtig für Läufer.

Pro Seite 3-mal 10 bis 20 Wiederholungen.

1 Ausgangsstellung
Sitz am Boden, ein Bein lang ausstrecken, das andere Bein aufstellen und mit beiden Armen eng am Oberkörper festhalten.

Aufrechter Oberkörper, Brustbein anheben (Bauchnabel am Oberschenkel), Schultern tief, Kopf gerade.

2 Ausführung
Die Fußspitze des gestreckten Beines anziehen, dann das Bein gestreckt vom Boden anheben, dabei die Ferse etwas nach innen drehen.

Das Bein langsam wieder senken, aber nicht ganz ablegen.

Wichtig
Oberkörper aufrecht lassen, nicht nach hinten lehnen.

Tipp fürs Büro
Die Übung kann auch auf einem Stuhl sitzend gemacht werden.

Kräftigung Bauch & Rücken

Wann: Allgemeine Kräftigung der Rumpfmuskulatur, besonders gut bei Lendenwirbelsäulen-Beschwerden (VORSICHT: gestreckte Ausführungen u. U. nur unter Anleitung), gut bei allen Schlag- und Wurfsportarten, wo eine gute Kontrolle der Rumpfmuskulatur Voraussetzung ist.

Anfänger: Variante 1, 6–8-mal je 10–20 Sekunden halten.

Fortgeschrittene: Varianten 1 und 3 bis zu 6-mal 10–20 Sekunden halten.

1 Ausgangsstellung & Ausführung
In abgebildeter Position verharren. Ellenbogen senkrecht unter den Schultern, Handflächen flach am Boden, Daumen und Finger aufgespreizt.

2 Variante zur Vereinfachung
Im Vierfüßlerstand beginnen, d. h. Ellenbogen unter den Schultern, Knie unter den Hüftgelenken, Zehenspitzen aufgestellt und Kopf in Verlängerung der Wirbelsäule.

Bauchnabel Richtung Wirbelsäule »ansaugen«. Beide Knie bis knapp über den Boden anheben.

3 Steigerung
Ein Bein gestreckt anheben (Fußspitze anziehen). Nach 10 Sekunden wechseln.

Wichtig
Ellenbogen unter den Schultergelenken. Kopf in Verlängerung der Wirbelsäule.

Bauchnabel Richtung Wirbelsäule »ansaugen«, nicht durchhängen. Körper sollte eine Linie bilden.

Achtung
Für Variante 3 ist eine gute Bauchmuskelspannung Voraussetzung, da es sonst zu Beschwerden in der Lendenwirbelsäule kommen kann. Bei Bandscheibenproblemen in der LWS bitte nur Variante 2.

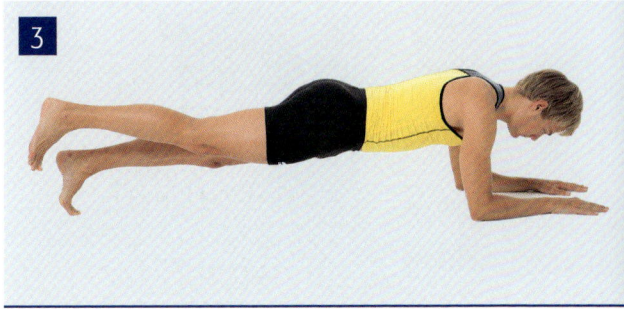

Kräftigung
Gesäß und unterer Rücken
(Brücke)

Wann: Allgemeine Kräftigung der hinteren Rumpfmuskulatur, besonders gut bei Lendenwirbelsäulen-Beschwerden, gut bei allen Schlag- und Wurfsportarten, wo eine gute Kontrolle der Rumpfmuskulatur Voraussetzung ist.

Auch gut nach Verletzungen im Knie- und Sprunggelenk zur Kräftigung der extensorischen Beinkette, wichtig für Läufer.

6-mal ca. 10 Sekunden halten.

1 Ausgangsstellung
Mit angewinkelten Beinen am Boden absitzen. Die leichte Rücklage mit den Händen abstützen. Fingerspitzen zeigen dabei möglichst nach vorne.

Aus dem Schultergürtel heraus stützen und nicht einsinken. Füße etwa hüftbreit und parallel aufstellen.

2 + 3 Ausführung
Gesäß vor allem mit der Kraft der Gesäßmuskeln hochdrücken, bis die Hüfte gestreckt ist, dabei nicht ins Hohlkreuz fallen.

4 Variante für Fortgeschrittene

Zusätzlich Unterschenkel eines Beines nach
vorne strecken, beide Knie dabei auf einer
Höhe halten.

Wichtig

Bauchmuskulatur in Richtung Wirbelsäule anspannen, Halswirbelsäule nicht überstrecken!
Ellbogen leicht gebeugt lassen, Knie parallel
halten.

Achtung

Bei Schmerzen in Hand- oder Schultergelenken
die Übung in der Rückenlage ausführen.

Dehnung Gesäßmuskulatur

Wann: Bei Verkürzungen im Bereich der Gesäß-
muskulatur, nach langem Stehen und Laufen,
bei Beschwerden und Schmerzzuständen im
Bereich der Lendenwirbelsäule und des Ischias-
Nervs, bei eingeschränkter Beweglichkeit im
Bereich der Hüftgelenke.

Warum: Zur Entlastung der Gesäßmuskulatur,
des Ischias-Nervs und der Lendenwirbelsäule,
zur Verbesserung der Beweglichkeit im Bereich
der Hüftgelenke.

Pro Seite 3–4-mal ca. 20 Sekunden halten.

1 Ausgangsstellung

Sitz auf Stuhl oder Bank, aufrechter Oberkörper,
ein Bein am Boden, das andere Bein mit beiden Händen eng umfassen.

1 Ausführung

Das gebeugte Knie in Richtung der gleichseitigen Schulter ziehen, dabei bleibt der Oberkörper aufrecht.

2 Varianten

Das gebeugte Knie leicht schräg vor die Mitte
des Oberkörpers in Richtung der gegenüberliegenden Schulter ziehen, dabei bleibt der
Oberkörper aufrecht.

Evtl. mit dem unteren Bein etwas
gegendrücken.

Wichtig

Jeweils das Brustbein nach vorne oben
anheben und auf den Sitzbeinhöckern sitzen.

Dehnung Wadenmuskulatur im freien Stand

Wann: Vor und nach dem Laufen, bei Verkürzungen im Bereich der Wadenmuskulatur und eingeschränkter Beweglichkeit der Sprunggelenke; für den Hüftbeuger nach langem Sitzen und eingeschränkter Beweglichkeit im Hüftgelenk (Arthrose) sowie bei Beschwerden in der Leiste.

Warum: Zur Vermeidung von Verletzungen im Bereich der Achillessehne, Verbesserung der Beweglichkeit im Sprunggelenk, Entlastung der Wadenmuskulatur, im Bereich der Hüfte zur Entlastung der Leistengegend und Verbesserung der Hüftstreckung.

Pro Seite 3–4-mal ca. 20 Sekunden halten.

1 Ausgangsstellung

Schrittstellung, vorderes Bein gebeugt, hinteres Bein gestreckt, Ferse am Boden.

Beide Füße zeigen parallel nach vorne, sodass auch die Hüftknochen parallel stehen.

Oberkörper gerade, Hände locker an den Hüften abstützen.

2 Ausführung

Oberkörper und Becken als eine Einheit nach vorne schieben, hinteres Knie bleibt gestreckt, die Ferse am Boden.

Variante für M. Soleus – tiefe Wadenmuskulatur

Das Knie des hinteren Beines anbeugen, sodass die Ferse am Boden bleibt.

Dehnung Brustwirbelsäule

Wann: Bei Verspannungen und Beschwerden im Bereich der Brustwirbelsäule und verspanntem Nacken, gut an langen Bürotagen, sowie VOR Sportarten wie Golf und Tennis, bei eingeschränkter Beweglichkeit im Oberkörper.

Warum: Zur Entlastung, Dehnung und Lockerung der Brustwirbelsäule und des Nackens, zur Verbesserung der Oberkörperbeweglichkeit.

Pro Seite 3–4-mal.

1 Ausgangsstellung
Sitz auf Stuhl aufrechter Oberkörper, beide Füße fest am Boden, beide Hände greifen auf einer Seite an der Stuhllehne.

2 Ausführung
Nun mit Hilfe der Hände den Oberkörper langsam so weit wie möglich in Richtung Stuhllehne drehen.

Dabei aufrecht bleiben.

3 Steigerung
Zusätzlich den Kopf mitdrehen und versuchen, über die Schultern zu schauen.

Wichtig
Beide Füße bleiben fest am Boden verankert, sodass das Becken nicht mitdreht.

Schultern nicht hochziehen!

Tief und gleichmäßig atmen, ca. 3–4 tiefe Atemzüge, dann die Seite wechseln.

Dehnung
Vorderer Oberschenkel

Wann: Vor und nach dem Laufen, Radfahren, Tennis, Golf etc., bei verminderter Hüftstreckung, nach langem Sitzen.

Warum: Vermeidung von Verletzungen im Bereich der vorderen Oberschenkelmuskulatur (Muskelverhärtungen, gerade nach langen Belastungen), Verbesserung der Hüftstreckung, vor dem Sport zur Vorbereitung der Muskulatur auf die Belastung.

Pro Seite 3–4-mal ca. 20 Sekunden halten.

1 Ausgangsstellung
Aufrechter Oberkörper. Einbeinstand, Standbein leicht gebeugt im Knie, mit der gleichseitigen Hand das freie Bein am Sprunggelenk fassen.

2 Ausführung
Die Ferse zum Gesäß ziehen, das Becken leicht nach vorne schieben.

3 Steigerung
Diagonal greifen.

Wichtig
Hüftknochen parallel, beide Knie eng zusammen, Bauchnabel in Richtung Wirbelsäule ansaugen, nicht ins Hohlkreuz fallen.

4 Variante
Seitlage, das untere Bein anbeugen, Knie weit Richtung Bauch ziehen. So wird eine Ausweichbewegung in Richtung Hohlkreuz verhindert.

Die untere Hand stützt Kopf und Halswirbelsäule. Mit der oberen Hand das obere Bein am Sprunggelenk fassen und die Ferse zum Gesäß ziehen.

Wichtig
Der Oberschenkel des oberen Beines steht in Verlängerung des Oberkörpers.

Dehnung Hüftadduktoren

Wann: Vor und nach dem Laufen, Tennis, Golf, bei Verkürzungen im Bereich der Adduktoren (Oberschenkelinnenseite), bei eingeschränkter Hüftbeweglichkeit (Arthrose).

Warum: Zur Vermeidung von Verletzungen im Bereich der Adduktoren und Verbesserung der Hüftgelenksbeweglichkeit.

Pro Seite 3–4-mal ca. 20 Sekunden halten.

1 Ausgangsstellung
Grätschstellung, Füße weit auseinander, beide Fußspitzen zeigen parallel nach vorne, aufrechter Oberkörper, beide Hände locker in der Taille abstützen.

2 Ausführung
Das Oberkörpergewicht parallel zu einer Seite und auf ein Bein verlagern, dabei das Bein im Knie beugen.

Das andere Bein bleibt gestreckt am Boden, sodass die Dehnung auf der Innenseite des Oberschenkels zu spüren ist.

Achtung
Knie des gebeugten Beins nicht über die Fußspitze hinausschieben!

Dehnung Gesäßmuskulatur in Rückenlage & tiefe Hüftmuskulatur

Wann: Bei Verkürzungen im Bereich der Gesäßmuskulatur, nach langem Laufen, bei Beschwerden im Bereich der Lendenwirbelsäule und des Ischias-Nervs.

Warum: Zur Entlastung der Gesäßmuskulatur, der Lendenwirbelsäule und des Ischias, zur Verbesserung der Beweglichkeit im Bereich der Hüftgelenke.
Pro Seite 3–4-mal ca. 20 Sekunden halten.

Gesäßmuskulatur

1 Ausgangsstellung
Rückenlage, ein Bein angestellt, den Fuß des anderen Beines überschlagen, sodass das Knie nach außen zeigt.

2 Ausführung
Mit beiden Händen hinter dem Oberschenkel des aufgestellten Beines greifen und beide Beine zum Oberkörper heranziehen, bis die Dehnung in der Gesäßmuskulatur des überschlagenen Beines zu spüren ist.

Tiefe Hüftmuskulatur

3 Ausgangsstellung
Wie oben, nur wird diesmal das Bein eng übergeschlagen.

Ausführung
4 Das untere Bein mit beiden Händen auf dem Unterschenkel oder in der Kniekehle festhalten.

Wichtig
Kopf und Schultern bleiben locker und entspannt am Boden liegen.

Dehnung
Hinterer Oberschenkel
in Rückenlage

Wann: Vor und nach dem Laufen, vor und nach Tennis und Golf; bei Verkürzungen im Bereich der Adduktoren (Oberschenkelinnenseite) sowie bei eingeschränkter Hüftbeweglichkeit (Arthrose).

Warum: Zur Vermeidung von Verletzungen im Bereich der Adduktoren und Verbesserung der Hüftgelenksbeweglichkeit.

Pro Seite 3–4-mal ca. 20–30 Sekunden halten.

Ausgangsstellung

Rückenlage, ein Bein flach am Boden. Ein Handtuch um den Vorfuß des anderen Beines legen und dieses mit beiden Händen festhalten.

Ausführung

Das gestreckte Bein Richtung Oberkörper heranziehen.

Wichtig

Das am Boden liegende Bein muss in der Hüfte gestreckt bleiben.

Kopf und Schultern bleiben locker und entspannt am Boden liegen.

Gleichgewicht im freien Stand längs

Warum: Zur Verbesserung der Rumpf- und Beinstabilität sowie der Muskelkoordination, insbesondere der Beine, und zur Verbesserung des Gleichgewichts und der Stabilität.

Wichtig für alle Sportarten, in denen Einbein-standphasen auftreten, wie Laufen, Tennis, Fußball, Handball etc.

Pro Seite 3-mal 5 bis 15 Wiederholungen.

1 Ausgangsstellung

Stand auf einem Bein, das andere Knie vorne zum Bauch hochziehen, so dass Knie und Hüfte auf einer Höhe sind, die Fußspitze ist angezogen.

Aufrechter Oberkörper, d. h. Brustbein anheben, Schultern zurück, Kopf gerade.

Aktive Bauchmuskelspannung, d. h. Bauchnabel Richtung Wirbelsäule »ansaugen«.

Die Arme wie bei der Laufbewegung entgegen-gesetzt zu den Beinen anwinkeln.

2 Ausführung

Das gebeugte Bein ohne Schwung nach hinten unten strecken und gleichzeitig die Arme in die entgegengesetzte Richtung bewegen.

Dann das Bein vorne wieder hochziehen und ebenfalls die Arme mitbewegen.

Steigerung

Die Übung auf instabilem Untergrund aus-führen, z. B. auf einem Sofakissen, einer zusammengefalteten Wolldecke o. Ä. oder Übung mit geschlossenen Augen ausführen.

Stichwortverzeichnis

Danksagung

Bunz Sportcoaching
Optimale Trainingssteuerung für Menschen
mit wenig Freizeit.
www.bunz-sportcoaching.de

Bunz Sportcoaching ist eine Münchner Agentur
für Personal Training und Coaching.
Seit Anfang 2007 bietet das Trainerteam systemisches
Gesundheitsmanagement für Menschen mit wenig
Freizeit. Kernbereiche sind Personal Training, Firmen-
sport, Physiotherapie und Ernährungswissenschaft.
Der Fokus liegt auf Effizienz in Bezug auf Zeit, Kraft
und Equipment. Das Programm ist folglich stark
individualisiert und bietet die Basis für einen be-
schwerdefreien Alltag und hohe Leistungsfähigkeit.

Bunz mobile Physio
Physiotherapiepraxis, bei der der Hausbesuch
Standard ist.

www.bunz-mobilephysio.de
Bunz mobile Physio ist die besondere Münchener
Physiothertapiepraxis. Die Therapeuten behandeln
beim Kunden vor Ort. Seit Oktober 2010 bietet das
Therapeutenteam diesen besonderen Service für
Menschen mit wenig Freizeit oder eingeschränkter
Mobilität.

QuickPhysio
Internet-Tool für Physiotherapeuten und Trainer zum
Erstellen hochwertiger Übungsprogramme.
www.QuickPhysio.com

SPONSOREN

hv7
Immobilien und Hausverwaltung GmbH
http://www.hv7.de/

ERGO-Direktionstelle München II
Partner für Versicherung, Vorsorge und Vermögen
www.ergo.de

Haselhorst
Unternehmensberatung in den Bereichen Strategie,
Restrukturierung und Finanzierung.
www.haselhorst-associates.com

Gottinger
Orthopädietechnik und Sanitätshäuser
www.gottinger.de

Skinfit
Hochwertige Funktionskleidung für Sport und Alltag
www.skinfit.eu

PARTNER & UNTERSTÜTZER

Sport Ruscher
Der Laufladen - Laufspezialist in München
www.ruscher.de

triathlon-tipps.de
Die Triathlon-Seite für Einsteiger und Fortgeschrittene
www.triathlon-tipps.de

Über den Autor

Wolfgang Bunz ist Diplomingenieur und Personal Trainer. Er ist aktiver Leistungssportler im Langdistanzlauf und verfügt über viele Jahre Erfahrung im Triathlon. Seine Stärke ist zum einen die Anwendung biomechanischer Erkenntnisse. Zum anderen verfügt er nach jahrelanger Erfahrung mit den eigenen Grenzen über das nötige Gespür, um Kunden bis zu ihrem optimalen Belastungsbereich, aber nicht darüber hinaus zu führen. Wie es sich anfühlt schnell zu laufen, weiß Wolfgang Bunz aus eigener Erfahrung. Seine momentane Bestzeit über 10 km liegt bei 33:22. www.bunz-sportcoaching.de

Impressum

Information der Deutschen Nationalbibliothek

Die Deutsche Nationalbibliothek verzeichnet diese Publikation in der Deutschen Nationalbibliografie; detaillierte bibliografische Daten sind im Internet über http://dnb.d-nb.de abrufbar.

3. Auflage

 **BLV Buchverlag GmbH & Co. KG**

80797 München

© 2015 BLV Buchverlag GmbH & Co. KG, München

Bildnachweis

Alle Fotos stammen von Tobias Bachsteffel

Grafiken: Angelika Brauner

Umschlagkonzeption: Kochan & Partner, München
Umschlagfotos: Christoph Bayer (vorne); Tobias Bachsteffel (hinten)
Lektorat: Stella Rahn
Herstellung: Hermann Maxant
Layout und Satz: Uhl + Massopust GmbH, Aalen

Gedruckt auf chlorfrei gebleichtem Papier

Printed in Germany
ISBN 978-3-8354-1423-5

Hinweis
Das vorliegende Buch wurde sorgfältig erarbeitet. Dennoch erfolgen alle Angaben ohne Gewähr. Weder Autoren noch Verlag können für eventuelle Nachteile oder Schäden, die aus den im Buch vorgestellten Informationen resultieren, eine Haftung übernehmen.

 www.facebook.com/blvVerlag